田径运动教学对学生体质发展影响的研究

钟振兴 陈 勇 著

吉林摄影出版社
·长春·

图书在版编目（CIP）数据

田径运动教学对学生体质发展影响的研究 / 钟振兴，陈勇著. --长春：吉林摄影出版社，2023.4

ISBN 978-7-5498-5783-8

Ⅰ. ①田… Ⅱ. ①钟…②陈… Ⅲ. ①田径运动一教学研究 Ⅳ. ①G820.2

中国国家版本馆 CIP 数据核字（2023）第 069611 号

田径运动教学对学生体质发展影响的研究

著　　者： 钟振兴　陈　勇

出 版 人： 车　强

责任编辑： 岳青霞

封面设计： 刘　芸

开　　本： 787mm×1092mm　1/16

字　　数： 217 千字

印　　张： 10.5

版　　次： 2023 年 4 月第 1 版

印　　次： 2023 年 4 月第 1 次印刷

出　　版： 吉林摄影出版社

发　　行： 吉林摄影出版社

地　　址： 长春市净月高新技术产业开发区福祉大路 5788 号

印　　刷： 北京银祥印刷有限公司

ISBN 978-7-5498--5783-8　　　　**定　　价：** 48.00 元

前言

田径运动是基于人类步行、跑步、跳跃和射击等行为的最基础的运动，因此被称为“体育之母”。由于这些运动属性，田径成为体育赛事中的“金牌运动”和大众运动中最常见的锻炼项目。时至今日，各国都在探索田径运动的原则和方法，这些努力将田径运动的发展推向了更高的水平。

田径运动是一项强度和速度相结合的体育赛事，它是奥运会和全球重大赛事中的一项重要竞技运动。田径运动对提高现代人的身心健康、运动能力具有重要作用。坚持田径锻炼可以有效培养积极健康的生活方式，优化某些类型的运动能力，如力量、速度、耐力、柔韧性和灵敏度，可以产生交互和协同效应，对其他类型的运动发展也很重要。同时，田径水平也是衡量一个国家体育水平的重要标准。然而，它主要依赖于科学有效的田径训练。这对于专业田径运动员和健身人士都很重要。

全书共分为七章。第一章是绪论，主要包括田径运动的分类与内容、特点与价值；体质的概念以及影响人体体质发展的因素。第二章是田径运动项目的课程教学指导，对田径运动走、跑项目、跳跃项目、投掷项目等的课程教学进行了简要论述。第三章是田径运动教学对学生体质发展的促进作用，包括田径运动教学促进身体形态的塑造、田径运动教学促进人体机能的完善、田径运动教学促进身体素质的提高、田径运动教学促进运动能力的增强等内容。第四章田径运动教学对不同年龄阶段学生的体质影响，对小学生、中学生、大学生体质发展的影响进行了简要论述。第五章是田径运动教学对学生体质健康意识的影响，包括促进学生运动意识的培养、促进学生健康体质意识的形成、促进学生田径运动的行为习惯的养成等内容。第六章是学生体质健康的干预策略，介绍了学生层面、学校层面、社会层面对学生体质健康的干预。第七章是学生体质健康的测量与评定标准，包括学生身体形态、机能、素质的测量与评定标准。本书从田径运动和体质的概念出发，重点探索了田径运动的教学对学生体质发展的影响，对田径运动训练新理念以及田径运动项目文化新发展也做出了一定的阐释，旨在为我国田径运动教学的理论与实践研究探索提供一定的参照。

从整体上看，本书内容丰富详实，逻辑有序严谨，不仅在内容选择上科学合理，而且在内容编排上做到错落有致、循序渐进。另外，本书通俗易懂，使读者理解起来更为方便。

由于笔者水平有限，加之时间仓促，书中难免错漏之处，希望广大读者批评指正。

目录

第一章　绪论

第一节　体质概述

一、体质的概念与内容

体质指的是人体的质量，它是人体在先天的遗传性和后天的获得性基础上所表现出来的形态结构、生理功能、心理发展、身体素质、运动能力等方面综合的、相对稳定的特征。体质包括人体的体格、体能、生理机能、适应能力和精神状态等方面的发展水平。决定人体质量好坏的因素有两个方面：①先天的遗传性：即人体生长发育变化的先决条件，如形态结构、相貌肤色、性格特征、身体素质等均受先天遗传的影响；②后天的获得性：即社会环境、劳动条件、地区气候、营养状况、体育锻炼、医疗卫生及保健等构成了人体发展变化的后天条件。从体质的定义可以看出：体质是人的生命活动和工作能力乃至延年益寿的物质基础，体质强健则是人体具备基本活动能力的起码条件。

（一）体质的科学内涵

第一，体质的内涵明确地指出人是一个统一的、相互密切协调的有机整体。而体质则是该整体各种能力的一种综合体现。它是人们学习、生活和工作的物质基础，是社会和经济发展的一种重要潜能。

第二，体质的内涵强调了体质在身心两个方面发生、发展过程中的密切联系，使人与动物有着本质的区别。

第三，体质的内涵在承认遗传因素作用的同时，强调了后天因素塑造的重要性。对于不同种族、民族、地域以及不同性别、年龄的人群和个体，其体质发展既有规律性，又有特殊性，不应是完全相同的形式。

第四，体质的内涵强调在评价体质状况时应予以综合考虑。

第五，体质的内涵既强调了身体素质和运动能力是体格发育与生理功能的外在表现，又强调了科学合理的锻炼对促进体格发育和生理功能的能动效应。它对促进群众体育活动的开展和促进全民健身事业的发展具有重要的意义。

第六，随着社会进步和科技的发展以及人们认识水平的提高，人们对体质的概念及范畴会产生日臻完善的新见解。任何一个时期的体质概念，往往只是对当时现实的概括，不是人们认识的终结，更不是真理的穷尽。因此，体质的内涵也是随着人们认识水平的不断提高而发展的。

第七，体质研究是一个复杂的系统工程。就体质的研究过程来看，是无穷尽的；就其研究领域而言，各学科纵横交错，相互联系非常紧密。所以，对体质实行跨学科、跨专业、跨区域的综合研究非常必要。然而，也并不排除在某些课题上需要进行单一学科和局部范围内的深入研究。但应注意与其他科学的联系，应用与借鉴其他研究领域的成果及知识，避免片面性。

（二）体质学的学科研究

1.充分重视体质的作用

人类社会的不同历史阶段具有不同的生产特点，由此对人的体质也提出了不同的要求。在原始社会，生产力水平极低，以手工作坊和小农个体生产作为生产方式，劳动力仍是社会需要的重要财富。在机器工业时代，体力、技术和精神相结合的劳动强度，使人的体质承受着繁重的负担，对人的体质提出了新要求。随着现代科技的不断发展，生产方式和生活方式节奏的不断加快，高度紧张的脑力劳动成分在不断增加，而以肌肉紧张为主的体力劳动成分在逐步减少，这一生产方式的特点对人的体质提出了更高的要求。在经济生活中，人力资本对经济增长起着重要作用。所谓人力资本是对人进行投资而形成的资本存量，它体现了知识和技能的重要性，正是这种知识和技能的进步推动了经济增长。广义地看，人力资本包括多种形式的投资，如对卫生和营养的投资可以改善人的健康状况；对个人进行培训可以提高一个人的技能；接受正规教育可以提高人的认知能力并有助于学习能力的增强；而对研究和开发的投资则可以通过外部的效果来提高个人的技术水平。由此可见，国民体质是人力资本的重要组成部分，也是国家经济建设和社会发展的物质基础。

2.加强体质学的学科建设

科学研究是一项事业进步发展的动力。科学研究可分为定性研究和定量研究。体质研究不仅需要提供方向性的定性研究，更需要提供因果关系的定量研究。这是全民健身活动进一步发展的需要，也是科学健身发展的高级阶段。为此，需要加强实验性的研究，用数据说话，深化科学健身的依据，推动全民健身活动的发展。体质研究的最终目的是为了有效增强人民体质，使之达到能适应生产劳动、工作、学习与生活需要的良好状态。在一定时期内对全面体质发展提出一些经过切实努力可以达到的目标是十分必要的。为此，加强体质学的学科建设尤为重要。

（1）体质学是研究人类发展的科学

体质学的研究对象和服务对象是人。人生历程要经历婴儿期、童年期、青春期、成年期、老年期五个阶段。在漫长的人生旅途中，每一个阶段中都有特定的体质特点和规律，发现和掌握各种影响体质发展的因素，据此制定和采取有针对性的干预措施，是达到增强体质、促进健康的有效途径。从发展的角度看问题，就是善于利用比较分析的手段发现存在的问题，这一点是体质学最基本的研究方式。

体质学是一门综合性很强的边缘性学科。体质学需要从遗传学、优生学中获取大量养料，并与体质人类学、文化人类学、人口学密切相关，同生物学、生理学、医学、卫生学也有千丝万缕的联系，与体育学的联系更加密切。

(2)加强体质学研究是时代进步的要求

现代社会对人的体质提出了新要求，加强体质学的研究，既是学科发展的需要，更是时代的要求。因此，一要加强体质学研究人才的培养。一门学科的发展离不开研究人才。吸引其他学科的人才加入体质学研究队伍，有助于稳定并进一步提升体质学研究人才的数量和质量，这是学科进一步发展的关键。可通过吸纳多学科人员进入体质学研究生的行列，培养高层次的人才，提高研究人员的素质。二要加强学术交流。学术交流是培养人才的必要手段，也是强化学科建设的重要手段。加强国内外体质学的学术交流，通过国际学术会议可以捕捉新的学术信息，提高我国的体质学研究水平，也可以扩大我国体质学研究的影响。

(三)理想体质

人体体质在形成、发展和消亡的过程中，具有明显的个体差异性和阶段性，表现出从一般功能状态到最佳功能状态，从健康状态到功能障碍甚至严重疾病状态等各种不同的体质水平。所以，理想体质是人体体质的功能在不同状态中所表现出来的较高层次和较高水平。理想体质具有明显的人群特征，如年龄、性别、种族和职业等。它是在遗传的基础上，经过后天不断地改善物质生活条件和有目的、有计划地进行科学地身体锻炼等努力所达到的全面良好状态。理想体质的标志主要有：

①身体健康，主要脏器无疾病。

②身体形态发育良好，体格健壮，体形匀称。

③呼吸系统、心血管系统和运动系统具有良好的生理机能。

④有较强的运动能力和劳动工作能力。

⑤心理发育健全，情绪乐观，意志坚定，有较强的抗干扰、抗刺激的能力。

⑥对自然和社会环境有较强的适应能力。

因此，对于理想体质，必须进行多指标的全面综合评价。评价一般以同一总体人群的前20位数(即该人群处于第80百分位数以上)的数据来建立理想体质的评价标准。

(四)体质的研究内容

体质研究的内容包括：体格、体能、机能、适应能力和心理状态等。

人体体质的内容是从多方面来反映的，所以体质研究所包含的范畴有以下五个方面。

1. 体格

体格是指人体形态、结构的发展水平。它包含身体形态、身体姿势和生长发育三个方面。

2. 体能

体能是指人体各器官系统的功能在肌肉活动中所表现出来的能力。它包括身体素质(如力量、速度、耐力、灵敏、平衡、协调等)和机体活动能力(如走、跑、跳、投等)两个方面。

3. 机能

机能是指人体各器官系统的功能,如反映心血管系统功能的有血压、脉搏等,反映呼吸系统功能的主要指标是肺活量。

4. 适应能力

适应能力是指人体在适应外界环境时所表现出来的能力,包括对不利因素和环境变化影响的应激调节能力和对各种疾病的抵抗能力。

5. 心理状态

心理状态则指人体的心理品质和心理过程的状态,包括人体本体感知能力、个性特征、意志品质、情感等方面。

以上五个方面的表现决定着人们不同的体质状况。因此,在进行体质检测、评定和检测体质强弱的实际效果时,必须注意到体质的综合性及全面性的特点,以及测量与评价的多指标性质。

二、体质测试标准的变革

发展应以人为本,人的综合素质直接影响未来社会的发展。一个国家的国民体质是国家综合国力的重要组成部分。从社会发展的总体趋势分析,国民体质的改善与增强是国家经济发展的结果,同时也是社会发展的动力。此外,由于体质可以综合反映某个群体或个人在某个时期内身体发育、生理机能等的基本状况和发展变化趋势,国民体质的增强不仅为国家发展提供了丰富的人力资源,而且也从另一个侧面反映了国家社会和经济等方面的变化。了解国民体质的动态变化特征和规律,不仅可为国家政府部门制定相应的政策提供科学依据,同时也为不同时期国民体质与健康状况的测量、评价与研究确定了方向。

我国学生体质测量与评价标准的演变和发展,是与我国社会、经济、科技、文化、教育等在不同发展时期和发展水平相适应的,是与全面提高青少年的身体健康素质、满足国家对受教育者全面发展和培养人才战略的基本要求相一致的。根据社会发展的不同历史阶段,我国先后制定颁布了《劳卫制》《国家体育锻炼标准》和《学生体质健康标准》等一系列学生体质的测量与评价制度,使学生体质测量与评价标准逐步地得到了发展和完善。

(一)体质测试内容的演变与完善

随着科学研究的不断深入,人们对如何通过体育锻炼和提高体质健康水平在理念和认识上都有了进一步的提高，在手段和方法上也有所改进和创新，在体质的测量与评价方面也已发生了一些不小的变化。人们开始对通过身体运动素质测试来反映学生的体质水平产生了怀疑。专家认为，心血管系统功能是体质的重要指标，它与有氧耐力关系密切，而身体成分又对前两者起到重要的影响作用，腹部肌肉力量差、腿后部肌肉的伸展性差是引起腰背部疼痛的主要原因。由于对影响体质要素认识的提高，体育课程的着眼点开始从“身体运动素质”向“身体健康素质”转化，课程评价也随之发生了重大的变化。

目前，世界大多数国家都认为：身体成分、心血管系统的功能水平、肌肉的力量和耐力、肌肉和关节的柔韧性是影响人体体质水平的主要因素，也是影响人们学习和工作乃至提高未来生活质量的重要条件。目前，健康身体素质这一概念及评价指标已被世界大多数国家的有关专家所认同，并被广泛地应用于这些国家学生体质的评价之中。因此，在不同的历史发展阶段，教育的发展水平、社会对受教育者的要求、学生体质健康状况的变化、科学研究的新成果等，都会影响学生体质标准的制定和评价内容的选择，同时也必然会对标准的制定和评价内容的选择起到一定的制约作用。为此，体质测试内容也将发生变化。

《劳卫制》《国家体育锻炼标准》在不同的历史时期内，在贯彻落实《学校体育工作条例》，促进和保证了体育课教学，以及早操和课外活动的开展；促进学生积极地参加体育锻炼，身体素质得到了一定程度的发展与提高，有利于学生健康行为和习惯的养成；在促进和评价学校体育工作等方面发挥了积极的作用。它们的颁布实施，为我国学生体质评价工作积累了丰富和宝贵的经验，新颁布的《国家学生体质健康标准》绝不是无中生有，也不是对原有《标准》的否定，而是在新的历史条件下，根据社会发生的急剧变化，面对随之而来的新矛盾、新问题所采取的积极的应对措施，是对原有“标准”的修订、补充与完善。《国家学生体质健康标准》是《国家体育锻炼标准》的组成部分，是《国家体育锻炼标准》在学校的具体实施。《国家学生体质健康标准》是激励学生积极参加身体锻炼，评价学生锻炼效果和体质健康状况的有效手段，也是在学校落实《体育法》的基本措施。

《国家学生体质健康标准》(下文简称为《标准》)的贯彻实施，强调的是促进学生身体的正常生长和发育、形态机能的全面协调发展、身体健康素质的全面提高和激励学生主动自觉地参加经常性的体育锻炼的功能；淡化的是测试的甄别和选拔功能。它有利于促进学生、家长乃至全社会对“健康”概念的重新认识；有利于目的明确地帮助和督导学生实现健康目标；有利于促进学校在“健康第一”思想指导下的体育课程全面改革；有利于课程结构和成分的转变，激励学生上好体育课，全面实现体育与健康课程目标；有利于科学、综合地评价学生的体质与健康状况，对学生的体质与健康状况进行监控和及时反馈，激发学生自觉参加体育锻炼，培养终生追求健康生活方式的行为和习惯；有利于减轻学生的负担，减轻由于测试给学校人力、财力和物力带来的负担；有利于行政部门和学校的管理。因此，深刻领会、全面理解和贯彻落实《标准》的现实意义和深远的历史意义是我们做好工作的前提，每一位体育教师应从全面提高中华民族素质的高度出发，自觉积极地在体育与健康课教学、课外体育活动等方面加强对学生进行《标准》的宣传和教育，提高学生对《标准》目的、意义的理解和认识，激发学生积极锻炼身体的主动性和自觉性，不断提高他们的身体健康素质，使《标准》的贯彻能够落到实处，收到实效，为中华民族素质的全面提高做出应有的贡献。

第二节　田径运动的内涵与价值

一、田径运动的定义和分类

（一）田径运动的定义

随着田径运动的迅速发展和运动水平的不断提高，国际竞赛频繁，交流增多，人们对田径运动的认识不断加深。根据国际业余田径联合会章程第一条的定义：田径运动是由径赛、田赛、公路赛、竞走、越野跑和山地赛跑组成的运动项目。田径运动与人类活动的基本技能密不可分，将其十分准确界定很困难，从不同角度也会对其有不同认识，因此重要的是掌握田径运动的实质。

想要全面地理解田径运动的定义，不能仅从竞技体育这一个方面。尽管田径运动的定义包含了运动竞赛的成分，但决不能狭义地把它视为田径运动的全部内涵和最终目的。在以增强体质、提高身体素质、提高健康水平和培养意志品质为目的的社会体育和学校体育中，田径运动的作用是不可替代的。

（二）田径运动的项目与分类

国内外田径运动的分类主要是根据性别、年龄、比赛项目和比赛场地（室外与室内）等结合实际情况进行的。

1. 世界田径运动比赛项目与分类

现代田径运动的分类有很多，多数将田径运动分为径赛、田赛和全能三大类，或分为竞走、跑、跳跃、投掷和全能五大类。至今，国际田联承认的世界田径纪录已有150余项（分男、女和青年男子与青年女子）。

国际田联设立的世界纪录项目，为各国运动员提供了更多的比赛机会，有助于他们不间断地进行多年、全年系统的训练，提高训练质量，丰富比赛经验。运动员参加相邻项目比赛也有助于提高专项训练水平和竞赛能力。

2. 中国田径运动项目与分类

各国为参加世界性的和国家间的田径比赛，使本国的训练和竞赛与世界接轨，都沿用或参照国际田联承认的世界田径纪录的比赛项目，同时，也都按各自的国情和需要确定比赛项目。我国通常将田径运动分为径赛、田赛和全能三大类。

二、田径运动的文化内涵

田径运动作为一种包含有个人和集体的运动项目，贯穿着人类进化的历程。田径运动文化是人类自身所创造的一种特殊的文化，它主要是指田径运动文化在形成、传播和发展过程中，对社会发展与人的价值观、行为方式以及与田径有关的物质表现形式的影响的总和。可将其分为观念文化、关系文化和田径物质文化三种形式。田径运动文化与很多层次的文化都多多少少有些联系。首先它包含有技术方面的层次，其次是社会制度的层次；最后还包含审美情趣、价值观念、内在价值观念、道德情操等方面的层次。所以说田径运动有非常丰富的文化价值。

在所有的体育运动中，田径运动是一项很重要的运动，其中包含了很多运动项目，占到体育运动的很大一部分。田径运动能够强壮人们的身体，磨炼精神意志，促进身心的良好发展。可以说田径运动的体育文化价值非常大，这些重要的价值作用需要在开展田径运动、田径教学过程中不断地挖掘出来，才能提高人们参与田径锻炼的热情，尤其是对于高校的学生，通过参加田径运动，不仅能够锻炼良好的身体素质，还可以磨炼心智，培养自身的吃苦耐劳和抗压精神。

（一）关于田径运动文化的概念界定

田径运动文化的几点要义如下：第一，田径运动的形式多样，基本上以速度为比赛标准的项目都属于田径运动；第二，田径运动在学习和锻炼过程中，需要投入足够大的精力和体力，对人的精神意志具有很好地锻炼和塑造作用；第三，田径竞技提高了人们的竞争意识，而竞争不仅是体育技术方面的竞争，更多的是精神价值文化的竞争。综合来说，本书认为田径运动文化，就是指田径运动在形成、传播和发展过程中，对社会发展以及给人的价值观、行为方式以及与田径有关的物质表现形式所产生的综合性的影响，细分来说可以划分为观念文化、关系文化和田径物质文化这基本的三种形式。

（二）田径运动的文化内涵分析

1. 田径运动蕴含着丰富而又深刻的人文精神

田径运动的竞技精神内涵丰富，价值深刻，是人们对自己身体极限的超越和对自我精神的不断升华。从更高的层面来看，更是人们对自身命运的挑战，其中包含人类的价值，尊严，理想需求和对权益的关注，是人类积极参与社会管理的重要体现。具体来说，田径运动的精神价值主要体现在如下几个方面。第一，公平竞争精神：在田径运动比赛中，所有参赛选手，无论来自哪个国家，均需要遵守相关的比赛竞技规则，公平参与竞争。第二，顽强拼搏精神：在田径运动的锻炼、比赛阶段，运动员需要顽强拼搏的精神，无论严寒酷暑，日复一日地坚持锻炼，在承受身体伤痛的情况下，坚持奔跑等，这些精神，都是田径运动的宝贵财富。第三，共同协作精神：田径运动比赛，离不开团队的协作，取得好成绩，不能单靠一个运动员，需要所有参赛的团队成员做好协调配合，采取科学的比赛策略。第四，开放创新精神：田径运动的技术是在不断变化创新发展的，运动员要具备创新思维，不断创新田径运动的训练模式，提升训练水平，让田径运动的精彩程度和技术水平不断提升。

2. 田径运动可以创造巨大的商业价值

在现代很多大型的运动会上，田径运动都会产生很大的商业广告效应。尤其是像奥运会、世锦赛等这样高规格的比赛形式，很多知名企业会给田径运动提供商业赞助。支撑企业进行商业赞助的核心逻辑是，田径运动可以创造巨大的商业价值，对于赞助企业品牌的推广、社会影响力的扩大，均有着十分重要的作用。一些运动衣、运动鞋的广告，经常出现在高校田径运动场地上，吸引万人瞩目。可以说，田径运动之所以能够创造巨大的商业价值，背后源于它的参与人群主要是年轻人，他们具备青春活力，又对一切新的事物充满兴趣，因此，社会商业价值更容易在他们身上体现。

3. 田径运动在个体人格塑造方面有着显著功效

同其他的运动相比，田径运动在磨炼人的意志、塑造人格方面更具优势。田径运动，一般不涉及人与人之间身体激烈的对抗，更多的是一种个人对自我的超越，例如长跑运动，参与长跑的运动员，每一次比赛，其实都是同自己在比赛。田径运动在锻炼人心智的同时，培养人的情操。让人变得更加坚韧，自信，勇敢；在塑造个人良好的精神品格的同时，帮助人与人之间建立更加真诚的友谊，提升自我的集体荣誉感。

4. 田径运动有利于健身价值的开发，形成运动文化的正向引导

在锻炼身体方面，田径运动更是具有显著的作用和价值。有研究发现，与不跑步者相比，跑步者的平均寿命会延长三年，身体机能比不跑步者强。作为一项高效的有氧运动，长期坚持跑步的人，其心脏溶血量是普通人的一倍，肺活量多增一升，身体新陈代谢机能更强，还能延缓衰老。可见，坚持跑步是远离亚健康的方式之一。近年来，跑步这项以往被人们视为乏味、单调的基础运动，已逐渐变成大众最喜爱的运动之一，各种马拉松和酷跑活动在中国各地层出不穷。而这一点，从 2021 年世锦赛第一个项目“男子马拉松”同时进行的“十公里大众跑”民众的参与度上也能得到印证。不容否认，类似跑步的全民健身运动客观反映着一个国家和民族民众生活水平的提高，因为只有基本生活品质得到保障的人才更加注重拥有一个强健的体魄。在这些人掀起健身热潮后，一旦有越来越多的人加入，就会形成一种良性互动，营造起全民健身的氛围。

田径运动文化内涵给予了人们启示——它是一项富含哲理的运动项目，蕴含着很高的价值，因而具有很强的生命力。田径运动更是学校体育之本，在人们体质日趋下降的情况下，更要正确对待田径运动，从文化的视角审视田径运动，引导人们对田径运动深层的理解和认识，防止对田径运动的片面理解和误解，使田径运动沿着以前的道路健康、可持续地发展。

三、田径运动的价值

随着全民健身热潮的掀起，人民群众参与体育活动的意识有了很大的提高，更多的人选择参加不同的项目来达到健身的效果。田径运动是一个集走、跑、跳、投掷于一身的运动，理应成为人们健身和学生学习的一个重要的项目。本书从多方面视角对田径运动的价值进行分析，力求使人们更加深入地了解田径运动的多方面的价值功能，为田径运动的持续健康发展提供一些启示。

（一）田径运动中的健身价值

纵观田径运动的发展历程，会发现田径运动其实是一项充满生机和活力的古老的运动项目。田径运动在形成之初就带有一些竞技色彩，目前世界很多国家对田径认识还是停留在竞技体系这一观念上面。但是以目前的发展来看，田径运动在大众健身方面的价值也是不容忽视的。田径运动作为健身项目与竞技项目时有着很大的差别。

田径健身项目和田径竞技项目的差别主要有：①田径竞技运动重视竞技性，是以获得金牌为主要目的，田径健身项目则主要是以娱乐、健身、修心为主要目的，比较适合人民群众参与；②田径竞技运动的目的决定了运动员必须掌握难度较大的专门技术。可是对于普通健身者来说，没有必要对他们在技术上有过高的要求，而且田径运动的最初来源于人体的基本运动方式，是人体本能的动作，所以会比较简单易学，便于开展，只需要健身者掌握一些基本的健身知识，便可以进行一些自主锻炼；③田径竞技运动项目的种类虽然比较多，但大多固定不变，运动员的专业分工十分明显。而田径健身运动的练习形式就比较的多样化，可供选择的余地比较大，人们可以根据自己的喜好选择运动项目。而田径健身运动的这个特点也为田径运动的进一步拓展和开发提供了可能；④田径竞技项目有场地、器材、设备等方面的限制。但作为健身项目时，就不受这些因素的约束，人们可以自由的选择在公园、小区空地、空旷田野、沙滩、室内等地方进行各种跑、跳、投的简单练习，使田径运动便于开展；⑤田径竞技运动需要专门的营养补充和恢复手段，才能避免运动员的疲劳积累，可是对于普通的健身者就没有必要采取这些专门的恢复手段，普通的健身者不需要达到那么大的训练量和训练强度，通过一些普通的饮食和简易的恢复手段就可以达到很好的疲劳恢复效果。

田径运动包含了走、跑、跳、投等人体运动的自然动作，有着其他运动不可比拟的全面健身优势，是提高身体素质，提高自然适应能力的基础性健身项目。田径运动的健身价值首先体现在学校教育中，田径运动属于一项在道德和利益冲突中体验竞争的实践运动，可以更有效地教育学生，学生可以在参与田径活动的过程中尽情地展示自己的个性，享受运动所带来的快感。

学生可以通过田径运动来释放他们在学习和人际交往等方面产生的压力，消除不良情绪。田径运动有其特有的提高机体机能水平的作用，一直以来田径运动因简单易行、机动灵活、安全可靠等方面的特性成为全民健身的首选项目。它不受场地、人数、地点的限制，而且练习的强度还可根据练习者的年龄、性别、身体素质来量身设定，在练习的过程中练习者可以自我控制和调节，做到不受他人干扰。因此它适用于各个年龄段的人群。田径运动可以有效地改善呼吸系统和心血管系统的功能，增加呼吸肌耐力，增大肺活量，提高机体的抗疲劳能力，防止脂肪堆积而引起的疾病。长期参加田径运动可以提高防病能力，增加力量和耐力，提高机体各方面的素质。已有研究表明：健身跑可以预防和治疗胃溃疡、十二指肠溃疡等消化系统疾病，还有保护肝脏、防止神经衰弱、减少癌症的发病率等方面的功效；跳跃可以减少学生形成扁平足的概率，提高站立的持久性和运动的能力，保持脊柱的正常发育。

（二）田径运动给人体心理健康带来的价值

经常从事田径运动可以有效地促进练习者的身体健康和心理健康，在田径健身的过程中人体大脑的兴奋和抑制会达到平衡，去甲肾上腺素的分泌会增多，会使人产生愉悦感。又由于田径运动的多项运动项目都是在室外进行的，户外新鲜的空气和多变的环境可以放松锻炼者的精神，从而促进机体的心理健康。田径运动给人体心理健康带来的价值，是任何其他锻炼方式无法取代的。它可以培养人们顽强拼搏的意志品质，使人们获得愉快、幸福的情感体验，舒缓心情、缓解压力，增强自信心和自尊心。国外知名心理学家的研究表明：体育锻炼可以提高自信心和自我知觉，促进人际关系的良好发展，还能积极地改善个体的焦虑、抑郁、紧张等不良情绪在内心的积累，预防和治疗心理疾病。目前国内许多学者也运用田径运动手段对一些心理问题进行干预研究，研究者发现采用这种手段可以积极、有效地消除心理健康方面的问题。如健身跑能消除由于心理不健康而引发的一系列睡眠、饮食方面的障碍，提高睡眠的质量，增加睡眠的时间。不仅能最大限度地降低胃肠道、心血管以及呼吸道系统等方面的不舒服的感觉，还能减缓由于头痛、背痛、肌肉酸痛而引发的症状及焦虑情绪，有效地增强人体的生理机能，消除焦躁、不安的不良情绪。有效地消除自我怀疑和依赖心理、改善自我认识和评价，一定幅度消除社交恐惧心理，有效地树立和增强自信心，消除自卑感，改善交往的心态，有效地消除厌烦，敌对情绪，改善合作的态度，增强合作意识、能力以及情绪的稳定性和调节能力。

（三）田径运动中的审美价值

田径运动的美是通过人体的动作、姿态和技巧显现的，进而唤起欣赏者的思维和联想。“掷铁饼者”是一部具有美学意义代表的作品，创作者抓住了掷铁饼运动员发力瞬间的身体姿态，勾勒出一种强壮、饱满的肌肉，刚毅的神情，雄健的体魄，时至今日仍透射出一种现代人难以企及的精神，这种美是当今世界运动员一直苦苦追求的目标。这种形式结构的比例和谐及其变化统一的美，对人类社会的审美有一种潜移默化的影响。田径运动中的美主要包含有肌肉工作所展现的力量美、快速移动显现的速度美、身体伸展的柔韧美、衔接各种动作的协调美。

1. 肌肉工作所展现的力量美

在从事田径运动的过程中，人们可以通过锻炼出健美肌肉，为进一步攀登体育高峰提供很好的基础。一个健美有力的体型能给人一种勇猛、雄壮、强壮的感觉。比如百米运动员在快速奔跑的途中所展现的那种力量与速度结合的姿态，使人们感觉到了运动的美，这种通过肌肉和运动器官展现出的一种具有激情和生气的美在我们的审美意识中发挥着重要的作用。

2. 快速移动显现的速度美

速度美是指人体在快速的运动过程中采用正确的姿势，合理的技术动作，协调地完成某项动作所展示的美。例如奥运会上的百米运动员在跑道上像一头猎豹，闪电般地冲向终点，以及冲向终点时那种轻松、自信的表情，给了人们极其难忘的速度美感。这种美感即使是在比赛过去很久，依然会在脑海中挥之不去。

3. 身体伸展的柔韧美

人体在田径运动中身体的韧带、关节、皮肤由于伸展所展现的柔美曲线，可以使观赏者感到一种柔和和舒展美。柔韧美在一些舒展的动作中出现的机会比较多，主要突出人体曲线和柔软度，使之具有婀娜多姿、窈窕柔软的韵味。在撑杆跳比赛中运动员的空中过杆动作，将美与柔韧完美地结合在一起。

4. 衔接各种动作的协调美

协调美是指运动员熟练、灵活、流畅地完成动作过程中所展现的美。例如，世界各国优秀的背越式跳高运动员在跳高时将快速助跑和快速起跳结合在一起，表现出力量和速度的完美结合，历史上一个个跳高运动员和撑杆跳运动员创造世界纪录的一幕幕永远留在人们的心中。

(四)田径运动的商业价值

田径潜在的价值正在被商家努力挖掘着。田径运动赛事自身有很好的广告效果，田径赛事项目众多，持续时间长，在转播的时候展示广告的效果特别好。国外很多高档体育知名品牌看好中国广大的消费市场，抓住商机，通过在田径赛事上做广告入驻中国，取得了可观的经济效益。

第三节 影响人体体质发展的因素

人体的形态结构、生理功能、身体素质、运动能力、心理发展以及对内外环境的适应能力，是构成体质健康的相互依存、相互影响、相互制约、不可分割的六个因素。身体的形态结构，是体质健康的外在表现；生理功能、身体素质、运动能力、心理发展是体质健康的物质基础；而对内外环境的适应能力则是形态结构、生理功能、身体素质、运动能力、心理发展五个方面的综合反映。它们之间的相互关系是:一定的形态结构,必然表现出一定的生理基础,身体素质和运动能力是各器官系统的生理功能在生活和体育活动中的客观反映。发展和提高身体素质、运动能力的过程,又会相应地引起机体一系列形态结构、生理功能的变化,而伴随着形态结构、生理功能的发展和提高,又会产生一定的心理过程和个性心理特征,从而促进人的心理发展。因此,就体质健康锻炼的内容与方法而言,相互之间是结构与功能的统一体。

一、体质与遗传

遗传是人体发育发展的先天条件,对体质的强弱有着重要的影响。现代生物学研究证明,存在于细胞核染色体中的脱氧核糖核酸(DNA),是遗传的物质基础。亲代把自己的特征传给子代的过程,就是子代从亲代得到一定结构的DNA,从而也就得到了和亲代相同的遗传性状的过程。人体存在着种族和血缘的特点,人体的形态结构、相貌肤色等,均受遗传因素的影响。身体素质和运动能力与遗传也有着密切的关系。但是遗传对体质的影响,只是提供了可能性,而体质强弱的实现性,则有赖于后天的环境和条件。遗传学的观点认为,人体所有的外在表现,都是遗传基因和环境因素相互作用的结果。人类只有少数性状一经形成,就不再受环境的影响,可以说人体大多数性状以遗传因素为主。为了估计遗传和环境对某一性状表现所起作用的相对比重,我们常用的方法是计算这种性状的遗传度。所谓遗传度,是指某一特定性状在总的变异中,占有多大比例归于遗传因素,有多大比例归于环境因素。一般用"%"符号来表示。凡性状以遗传因素为主的,其遗传度就高;凡性状以环境因素为主的,其遗传度就低。

(一)形态指标特征的遗传度

人体形态在遗传上称体表性状,它受多种基因遗传的控制,其形成也同样受多种因素的影响,其中遗传因素仍是最主要的。但遗传对组成体形各特征的影响大小又各不相同,男女之间也有明显的差别。

(二)生理指标的遗传度

运动能力水平的高低,常常受到生理机能水平的直接影响。而生理机能水平的高低,不仅受到生长发育过程中环境与训练等多因素的影响,而且受到遗传因素的制约。

中枢神经系统的功能(神经过程的强度、灵活性、均衡性)是先天遗传的,后天很难改变。最大摄氧量直接关系到有氧耐力水平的高低,它的遗传度在69%～93.6%之间,平均81.6%,后天影响只有18.4%。最大心率遗传度达85.9%,后天改变只有14.1%,这说明生理指标遗传度高的,后天改造上均有困难。

(三)生化指标的遗传度

人体的生化过程与代谢特征,直接影响到人体生理机能和运动素质的好坏。生理学研究表明:人体生理代谢能力的高低与代谢特征的形成,主要是由遗传决定的。

从生化指标的遗传度可以看出,它们的遗传度都较高,先天遗传占主要地位。

①ATP,CP的含量均受遗传控制,特别是CP,它们的遗传度为67%～89%,其含量多少,直接关系到在无氧条件下磷酸原系统的供能。

②线粒体是人体细胞内的重要细胞器,人体有氧代谢生成ATP的过程是在线粒体中进行的。它的数量的多少和质量的好坏,可以直接关系到人体有氧代谢的水平,并与人体在运动过程中的有氧耐力水平呈正相关。其遗传度为70%～92%。

③肌红蛋白存在于肌红细胞内,它与氧有较高的亲和力,是肌肉内氧的储存库。在肌肉工作时它是最快的供氧的来源,它的含量的多少与细胞的有氧代谢能力密切相关,并直接影响到人体的有氧耐力,其遗传度为60%～85%。

④血红蛋白的主要功能是运输氧和二氧化碳,其含量的高低,直接影响到人体物质代谢与能量代谢。因此,血红蛋白与肌红蛋白一样,与人体耐力水平有着一定关系。血红蛋白的含量,特别是它的合成潜力以及可能达到的最高值,虽然受到多种因素的影响,但其中遗传因素是主要的,它的遗传度高达81%～89%。

⑤血乳酸最大浓度和乳酸脱氢酶的活性,直接与人体无氧代谢过程糖酵解能力有关。在不同强度和不同距离影响下的血乳酸浓度的变化,可以反映出人体无氧代谢与有氧代谢能力的水平。乳酸脱氢酶和不同同工酶活性越高,能说明糖酵解生成乳酸能力和乳酸氧化的能力。血乳酸最大浓度和乳酸脱氢酶的活性均明显受先天遗传的影响,其遗传度均较高,分别占60%～81%和65%～87%。

(四)运动素质的遗传度

运动素质是指与运动效应直接有关的身体素质。运动素质的各种性状是受多基因遗传控制的。在其形成和发展过程中,不仅受到环境的影响,而且与体育锻炼等因素有着直接的联系。

①反应潜伏期是人体受到某种刺激后,神经过程产生反应的潜伏时间。该素质是先天遗传的,后天基本不能改变,其遗传度高达86%以上。

②反应速度是人体从受到刺激到产生动作反应的时间(如声、光反应时),反映了神经冲动的传递速度。该素质先天的遗传度为75%以上。

③动作速度是快速完成单个或成套技术动作时的能力。由于受动作技巧复杂性和熟练性的影响,动作速度可以说是先天的基础与后天训练的结合,它的遗传度为50%。

④动作频率是指单位时间里重复完成动作的次数。研究表明,测定儿童少年60m步频和10秒原地高抬腿次数时,得到的数据均与成年人无显著性差异。这说明动作频率在后天是很难改变的,它受先天遗传所制约。

⑤绝对力量是指在相对较慢状态下,人体所能克服最大阻力的能力。一般来讲,由于体

重的增长,特别是瘦体重的增长,力量能相应增大。人体骨骼的粗细、骨架的大小、消化吸收能力等条件较好的,后天力量才能有较大的变化。

⑥相对力量,是指运动员单位体重所具有的最大力量。它反映了人体绝对力量与体重之间的关系。该素质受先天遗传的影响明显大于绝对力量,其遗传度为 64%。

⑦耐力素质是指有机体克服工作过程中所产生疲劳的能力。它包括两个方面:即有氧耐力与无氧耐力。有氧耐力是长时间进行有氧工作的耐受能力;无氧耐力是身体在较长时间处于缺氧情况下对肌肉收缩供能的耐受能力。影响耐力因素的遗传度均较高,其中,无氧耐力的遗传度为 85%以上;有氧耐力的遗传度为 75%以上。

⑧柔韧素质是指人体各关节活动范围的大小及肌肉、肌腱、韧带等软组织的伸展能力。其遗传度为 70%以上,后天的发展受到了限制。身体各关节的柔韧性有所不同,其中,髋关节遗传度为 98%,脊柱遗传度为 79%,肘关节遗传度为 81%。

(五)智力与个性特征的遗传度

智力是指认识和行为所达到的水平,是人的各种基本能力的综合。个性特征是指一个人的整体精神面貌。智力与个性特征主要受遗传因素的影响,一旦形成就相当稳定,并且难以改变。智力与个性特征的遗传度都较高。

二、体质与环境

我国地域辽阔,不同地域的自然环境和社会环境均存在着很大的差异。人口学和医学的研究成果已显示:自然、经济等因素对人的健康水平、生存质量会产生一定的影响。因为自然环境和社会环境都是人类赖以生存的基本条件,如地理环境、社会制度、经济和卫生保健制度等,对人体的生长发育和健康水平都有直接影响。

(一)体质与自然环境

自然环境不断变化的过程,就是机体的各种生理机能、形态特点不断改善适应的过程。由于各地所处地理位置的差异,不同的地理环境对人类体质的影响也不尽相同。体质水平与经度、纬度、海拔高度、气温(1 月平均气温;7 月平均气温;1 月平均气温与 7 月平均气温之差)、降雨量、日照时间等自然环境因素有较高的相关性,具体表现为:

①国民体质水平随着经度的增高呈增高趋势,随着海拔的增高呈现降低趋势,即我国人口的体质水平有从西至东整体有增高的趋势。

②国民体质水平随着 7 月份平均气温的增高而呈增高趋势,即我国人口体质水平有随年最高温度增高而有增高的趋势。

(二)体质与社会环境

社会经济的发展水平、物质文明、社会制度是决定人群生长发育水平与体质强弱的主要因素。在社会环境这个总体中,包括物质生活水平、营养状况、文化教育和医疗卫生条件等。

长期的营养低下或营养不良都会导致体质水平下降，合理的营养是保证和增强体质的关键。无论在形态、机能、身体素质和运动能力等方面，一般都是城市高于农村的水平，主要原因是物质生活水平存在差距。另外，营养对身体的免疫功能也有重要的作用，特别是出生前营养不良所造成的免疫缺陷更为明显。

社会经济环境对体质水平有较大的影响。不同经济发展水平对体质水平的影响强度不同，经济发展将会对经济发展水平相对较低的区域人口的体质水平提高有较大的促进作用，而对于经济发展水平相对较高的区域，其经济收入的改善对体质水平提高的促进作用要小得多。人文指数与体质水平关系的研究结果也显示了这一规律。曾有研究表明，城市青少年的生长地区差异在受环境影响程度上低于农村青少年。这一规律提示我们，应该在不同区域实施不同的提高体质水平的方案，这种经济与人文环境的差异在我国主要存在于城乡以及东西部之间。对于经济与人文环境较好的区域，致力于增强体质的意识与合理的健身指导可能更为有效；而对于经济与人文环境相对落后的区域，加大经济投入力度将可能对该区域的人口体质水平的提高有较好的促进作用。

三、体质与锻炼

身体锻炼（亦称“体育锻炼”，简称“锻炼”）是指运用各种身体练习，结合自然环境和卫生因素，以健身、防病、娱乐为目的的身体活动。其作用在于：促进人体正常的生长发育；提高人体机能和身体基本活动能力；达到推迟衰老、延年益寿的效果；调剂情绪、振奋精神和进行积极的休息；提高人体适应外界环境的能力；防止疾病和恢复功能等。身体锻炼的方法多种多样，练习者可根据自己锻炼的目的进行选择。

身体锻炼是体育活动的主要形式之一，对人体有良好的健身、健心和健美作用。锻炼不仅可以增强人的体质，而且也是不断提高健康水平的有效途径。因为一个人的形态、机能和运动能力的发育发展水平，与对环境的适应能力和抵抗疾病能力密不可分。科学的身体锻炼可使体质得到增强，疾病减少，工作效率提高以至延年益寿。研究表明：健身跑时的供氧比静坐时多8～12倍；锻炼者的有氧代谢能力比没有锻炼者高37%，最大摄氧量可以提高33%，体育锻炼能增强人体系统的功能，一般人的肌肉重量只占体重的40%左右，而经常进行系统锻炼的人，肌肉重量可达体重的45%～50%。因此，在儿童青少年时期应培养他们体育锻炼的好习惯，体育锻炼对全面增强体质以及促进生长发育可起到积极的作用。

（一）身体锻炼对循环系统的影响

循环系统由一系列连续封闭式的管道系统组成，包括心血管系统和淋巴系统。循环系统的主要功能是不断地向全身各器官、组织和细胞输送营养物质、氧气和激素，并将各器官、组织和细胞的代谢物排出体外，以保证人体维持正常的生理活动。循环系统中的心血管系统由心脏和血管组成。心脏和遍布全身各个角落的血管形成血液循环，人体通过血液循环使氧气和营养物质输送到身体各器官、组织和细胞,然后把组织细胞产生的二氧化碳和尿素、尿酸等代谢物质运输到排泄系统的器官。正因为循环系统在人体内周而复始的运动,人体的锻炼将有利于循环系统功能的提高。身体锻炼对循环系统的影响主要表现在以下几个方面。

1. 可以增强心脏的动力功能

身体锻炼可使心脏的每一次跳动强劲而有力,搏出量也要比一般人多。这是因为长期进行身体锻炼的人,其心脏体积要比不参加锻炼的人大。除此之外,心脏壁厚度、心脏容积也要好于不参加锻炼的人。不同年龄段进行健身锻炼与不参加健身锻炼人群的对比调查表明:健身锻炼的人群每次心脏收缩的搏出量要比不锻炼的人高出10%左右。由于每搏出量的增多,心脏每分钟跳动的次数相对要减少一些。例如一个普通人每搏出量是70ml的话,每分钟心跳70次才能够满足身体各器官代谢的需求,经过一段时间的健身锻炼后,它的心脏每搏出量达到80ml,其心脏每分钟跳动62次就可以满足各器官的需求。心脏跳动的减慢,使舒张时间延长,心脏就能够得到充分的休息,这样就能更有利于心脏的健康。另外,健身锻炼时,身体运动所需要的能量比静止状态时增加,为了保证肌肉、内脏所需能量的供应,心脏跳动频率增加,每次跳动的搏出量增加,血管舒张,使血液循环加速。当心跳达到每分钟100次左右,并且这种心率保持10分钟以上时,则可以很好地锻炼心脏,大大增强心肌和血管的韧度和强度,从而能够有效地降低各种心脏病的发生概率。研究表明:长期从事健身锻炼可以提高血液循环的质量,从而有效地避免人体血液供应不足的发生,并可以增强血管的舒张和收缩能力,使血液循环更加畅通。

2. 可使心血管系统得到明显的改善

健身锻炼对改善心血管系统的功能有着积极的作用。健身锻炼可以使血管的收缩和舒张度加大,毛细血管增多,从而能够使血液更通畅地达到全身各个部位的组织细胞。各个组织细胞获得的氧气和营养物质就更加充分和充足。与此同时,组织细胞代谢产生的物质也能够更迅速地运输到排泄系统的各个器官。这一过程对增强肌肉的耐力和延缓肌肉疲劳更为有利。健身锻炼还可以改善心脏本身的血管功能,使心脏细胞的供血供氧充分,从而可达到减少冠心病和心肌梗死发病概率的目的。

3. 可使组织和细胞的活力不断加强

健身锻炼可以使血液中的红细胞、白细胞的数量增多。红细胞中含有血红蛋白,血红蛋白具有很好的携氧能力。红细胞越多则表明血液循环中血液所能够携带的氧气也就越多。当氧气供应充足时,健身运动就比较轻松,否则人体会产生疲劳感。白细胞主要是具有免疫能力,它可以产生抗体并将侵入人体内部的各种细菌或病毒消灭,以保证人体的健康。因此,健身锻炼可使组织和细胞的活力得到不断加强。事实证明,健身锻炼不仅可以提高血液的运氧能力,减少运动疲劳,而且还可以提高人体的免疫力。

4. 可加快人体新陈代谢的转换速度

人体要想维持正常的生理功能状态，就要不断地向外界排出体内的代谢物，并从外界吸收人体细胞所必需的营养物质，以保证机体新陈代谢的正常进行。因为代谢物质主要是通过血液循环被运送到排泄系统的各个器官的，所以说健身锻炼在改善心血管系统的同时，也增强了人体新陈代谢的能力。研究表明，人体在正常的情况下，每天健身走 1～2 小时，行走速度保持在每小时 3～5km 左右，可以提高人体的代谢率，并能有效地防治糖尿病等代谢性疾病。

（二）健身锻炼对促进人体身心健康的作用

健身锻炼作为一种时尚的休闲体育活动，因其普及性强和对促进人体身心健康的效果显著，而得到了广泛开展。健身运动就其对人体身心健康的影响与作用而言，具体表现在以下几个方面。

1. 健身锻炼的健美作用

健康是塑造健美体形的基本条件，因为健康所包含的是端正的五官、匀称的体形、发育正常、肌肉健壮、肌肤光泽等。正是这些健康的内涵体现了人类社会所特有的审美观。每个人都希望自己拥有健美的身材。但是，由于先天生理遗传的因素和后天生活习惯等诸多方面的制约，并不是每个人对自己的身材都是满意的。健身锻炼有着很强的针对性，能对全身各部位的生长发育产生特异性的影响，加之健身锻炼时需要大量的能量，这些能量的提供可以依靠体内脂肪的氧化分解反应后产生，长期坚持健身锻炼可使身体各部位肌肉发达，肌肉轮廓更加清晰，从而使身体达到具备体形美、姿势美和动作美的效果。科学研究表明，健身锻炼并不会使肌肉的体积过分增加。除此之外，对于正处于生长发育期的青少年来说，经常进行健身锻炼能够刺激骨骼的增长，有助于身体的增高。

2. 健身锻炼对减肥的作用

每天坚持健身走 4～5km，可以消耗掉大量的热量，促进体内多余脂肪的氧化分解。健身锻炼是最有效的减肥方法，该方法只要在保持平常饮食的情况下运用就可以达到减肥的效果。它与节食减肥和其他药物减肥有着根本的区别。节食减肥是严格限制人体热量的摄取，从而利用体内存积的脂肪维持正常工作、生活所需的能量，而药物减肥则是通过药对机体影响进行减肥，且副作用大，长此以往，将会造成肌肉的萎缩。而健身锻炼，是通过运动增大人体消耗脂肪的作用，它在消耗脂肪的同时还发达了肌肉。因此，健身锻炼是一项最有效的健身瘦身运动。

3. 健身锻炼对缓解紧张和愉悦身心的作用

人作为社会成员，都会在工作、生活、学习等方面承受不同程度的压力，这种压力会使人在精神上经常处于紧张状态。对于健身锻炼，每个人都可以选择在一个自己喜欢的时间和自己喜欢的环境中进行。只要处于自己所喜欢的环境，人在整个锻炼过程中的心情都会是轻松愉悦的。因此，健身锻炼对缓解紧张和愉悦身心均有着积极的促进作用。近年来的研究还发现，健身锻炼可以刺激大脑分泌一种叫作“内啡肽”的物质。这种物质可以缓解疼痛，抑制低落情绪，使人产生愉快感，使神经系统处于一种兴奋状态，而使人感觉更加轻松和愉快。

4. 健身锻炼对舒缓情绪的作用

健身锻炼是随着有节奏的步伐和上肢配合有节奏的摆动而进行的身体锻炼。它会使紧张的肌肉和神经随着节奏而逐渐地舒缓下来，并进入到这种有节奏的享受中去，从而使锻炼者的整个情绪都变得缓和起来。健身锻炼时，身体肌肉是放松的，其精神也随之变得放松。因此，健身锻炼不仅是一种科学有效的休息方式，而且对舒缓情绪也同样有着积极的作用。

5. 健身锻炼对健脑的作用

大脑（亦称“端脑”）由左、右大脑半球构成，中间借横行纤维束（胼胝体）相连。大脑左半球侧重于语言、逻辑和数学计算等思维能力；右半球则侧重于空间、形象等能力。大脑对身体的控制是交叉的，左半球负责右侧身体的运动，右半球负责左侧身体的运动。哪侧的身体器官运动频繁，相应的支配该器官的那个半球的大脑就发达。健身锻炼时，两腿前后交叉进行，同时两臂交叉前后摆动，可以促进大脑左、右半球都在均衡发展。长期坚持健身锻炼还可以使大脑皮质增厚，皮质的沟回加深，大脑表面积增大，这对大脑功能的增强是极为有利的。除此之外，健身锻炼还可以提高大脑对外界变化的反应速度，加强大脑对身体各器官的支配作用。

（三）身体锻炼对有效防治疾病的作用

1. 身体锻炼对防治心理疾病的作用

随着社会的快速发展，人们的生活节奏越来越快，工作压力也越来越大。这一社会现状将直接影响到人们的精神生活和物质活动，并使人极易产生心理上的疾病。心理疾病在精神上主要表现为：精神空虚、情绪低落、经常郁闷、缺乏自信、紧张焦躁等症状；在生理上主要表现为体质下降、食欲缺乏、嗜睡、失眠等症状。抑郁症对我们正常的工作和生活都会造成不良的影响。现代科学研究证明，身体锻炼可以刺激一种叫作“内啡肽”的化学物质的分泌。这种物质具有振奋精神、抑制低落情绪，使人产生欣快感的作用。因此，在身体运动之后，人们不仅会感觉到心情轻松愉快，而且在良好的精神状态下也会减轻病症在生理上的反应，从而达到防治心理疾病的效果。

2. 身体锻炼对防治高脂血症的作用

现代物质生活水平的提高使人们的饮食结构也发生了改变。如各种肉食（动物脂肪类食物）已在餐桌上常见，而过多食用肉类会造成体内脂肪大量堆积，血液中胆固醇的含量增高，导致高脂血症人群大量增加。高脂血症是诱发动脉硬化、血栓、冠心病等疾病的主要病因之一。身体锻炼是防治高脂血症的最有效的方法。因为长期坚持适度的身体运动，可以有效地降低锻炼者血浆胆固醇和血清甘油的浓度,增强动脉血管壁的弹性,减少血管硬化。同时,体内的血浆纤维蛋白的活性受到身体运动的刺激而增强,它可以调节自主神经系统的功能,防治血液凝结,保证血流的通畅。此外,身体锻炼还能刺激人体产生高密度脂蛋白,这种蛋白可以自由进出动脉血管壁,清除掉已经沉积在血管壁上的血脂,并把它转送到肝脏,使之分解。

3. 身体锻炼对防治心脏病的作用

心脏病是现代社会中人们的常见病之一。在国内外,心脏病每年的发病率都在上升。现代医学研究显示,40 岁以上的人群是心脏病的高发人群,尤其是脑力劳动者。身体锻炼不仅可以改善冠状动脉循环,增加冠状动脉的供血量,降低血脂浓度,而且可以大大减少心肌缺氧缺血的发生,从而达到增强心脏的功能和有效防治心脏病发病的目的。

4. 身体锻炼对防治关节疾病的作用

人在进行身体锻炼时,总会涉及全身的关节活动。如:上下肢关节会经历屈伸、旋转等的动作过程。这些动作将会使肩关节、肘关节、髋关节、膝关节和踝关节得到全面的锻炼。身体锻炼在增强肌肉韧带强度的过程中,也提高了关节的灵活性,从而对风湿性关节炎起到一定的预防和治疗作用。此外,身体锻炼还可以有效地防治和延缓骨质疏松症的发生。

5. 身体锻炼对防治癌症的作用

癌症是威胁人类生命的最大“杀手”之一。就目前而言,我们人类至今还没有找到一种有效治疗癌症的方法。不过现代医学、体育学等多学科研究成果证明,体育锻炼对癌症防治是最有效的。经常进行科学而适度的身体锻炼,可以改善体内免疫细胞的组织结构,同时也可以增加血液免疫细胞的含量和细胞膜上受体的活性。因为受体是免疫细胞膜上的一种特殊物质,它的主要作用是发现并消灭病变的癌细胞或其他侵入人体的细菌、病毒等。除此之外,长期进行身体锻炼还可以刺激胸腺分泌更多的胸腺素。胸腺素可以提高免疫细胞的活性,恢复病人已经退化的免疫系统,提高免疫系统的功能。身体锻炼还可以调节体内的内分泌系统,从而使体内的各种激素保持在正常的水平,为降低各种癌症的发生概率提供了可能。

6. 身体锻炼对防治骨质疏松症的作用

骨质疏松在中老年人群中是一种常见的疾病。骨质疏松的主要表现是骨骼柔韧性降低,骨骼变得又脆又硬,容易发生骨折。通过身体锻炼,人体体重的负荷能够提高骨骼的密度,延缓骨骼的衰老,降低骨质疏松症的发生。另外,假若是已患骨质疏松的人,也可在身体锻炼的同时,配合科学合理的饮食,多吃含钙的食物,以补充骨骼钙质,提高骨骼密度,达到有效治疗骨质疏松的目的。

7. 身体锻炼对防治关节炎的作用

关节炎是由免疫功能障碍引起的结缔组织胶原纤维的炎症反应。关节炎的种类很多,引发关节炎病症的因素也较复杂，其中膝关节炎是最常见的一种。治疗关节炎的传统方法是服用药物、关节注射和切除发炎的关节囊内膜。该方法虽然在一定程度上可以缓解关节的疼痛，但并不能从根本上恢复关节的活动功能。身体锻炼是恢复关节功能的最好方法之一，如健身走锻炼，在一定节奏配合下的行走对关节的刺激性小，而且可以加速关节部位的血液循环，使关节部位获得更多的营养物质，同时还可以使关节周围肌肉和肌腱得到锻炼，增强其收缩的力量，从而达到逐步恢复关节活动功能的效果。

（四）身体锻炼对机体代谢的影响

1. 身体锻炼对糖代谢的影响

糖代谢是糖在体内合成与分解的过程。人体体内能量供给首先来源于糖，是人体最经济的供能物质。糖类物质是人体所需的六大营养元素之一，同时也是人体运动时能量的主要来源。糖类分为多糖和单糖。平时我们所吃的食物中的糖分大多是以多糖形式存在的。在唾液酶等生物酶的作用下，多糖分解为人体可以直接吸收利用的单糖。这些糖类物质有80%左右储存在肌肉中，叫作肌糖原；有20%左右储存在肝脏中，叫作肝糖原；还有少量分布在血液中，即血糖。正常人体静止状态下的血糖含量为：100ml的血液中含80～120mg的血糖。血糖不足会加重运动时的疲劳感而影响到人的身体健康。

人体在进行体育锻炼时，首先分解的是肌糖原，当肌糖原分解不足时，血糖进行补充，同时肝脏会不断释放出肝糖原补充到血液中。肌糖原在氧气供应不足时会发生无氧分解，提供能量并产生大量的乳酸。但是当人体进行一般性的身体锻炼时，由于活动的强度小，氧供给就充足，这时肌糖原可以充分地氧化分解为水和二氧化碳，释放大量的能量。

2. 身体锻炼对脂肪代谢的影响

脂肪代谢是脂肪在体内合成与分解的过程。它是人体内最大的能源库。当人体从外界获得能量超过所需量的时候，多余的能量物质就会转化为脂肪的形式储存起来，等到需要的时候再进行分解。在进行时间长而强度较小的体育锻炼时，脂肪所提供的能量会超过糖类所提供的能量，成为人体耐力素质和锻炼能量的最主要来源。脂肪除了储存积累能量外，还可以帮助我们保持体温、保护内脏器官等。一般人的脂肪占其体重的20%左右，但是由于摄取过剩或者运动不足，脂肪会大量堆积，当脂肪占到体重的50%时，大大超出了正常的范围，即是肥胖症。所谓肥胖症是指身体脂肪积聚过多，超过同年龄同身高标准体重20%以上者。主要原因是长期摄入量超过消耗量。该症状除了影响青少年的正常发育外，还会诱发糖尿病、动脉硬化等一系列疾病。脂肪代谢的途径有四个方面：①以储存性脂肪的形式存留下来；②参加构成人体的组织；③再分解为甘油和脂肪酸；④被各种腺体利用而生成其特殊的分泌物。从脂肪的代谢途径可以知道，在能量物质摄取量一定的情况下，只要机体能量的需求量大，脂肪的储存就会相应减少。也就是说，身体锻炼可以使人体内的脂肪储存减少而达到减肥的目的。显而易见，身体锻炼是最科学的，简便易行的，且是最有效的减肥方法。

3. 身体锻炼对胆固醇代谢的影响

胆固醇是固醇类的一种，因从胆石中发现而得名。血浆胆固醇在体内的存在方式有两种：一种是低密度脂蛋白（LDL）；另一种是高密度脂蛋白（HDL）。两种胆固醇在体内的作用是不同的。低密度脂蛋白可以以大块形式附着在动脉血管壁上，促使动脉硬化的形成；而高密度脂蛋白对前者有对抗作用，它可以清除附着在血管壁上的低密度脂蛋白，减少其在血管壁的沉积，有效地防止动脉硬化的产生。心血管系统在人体系统的各个器官中具有举足轻重的作用。越来越多的心血管系统疾病不断地威胁着人类的身体健康，如动脉硬化、心肌梗死、冠心病等，这些均与血浆中血脂含量有关。

实验研究证明，体育锻炼在分解脂肪、提供能量的同时，还可以提高体内脂蛋白酶的活性，加速低密度脂蛋白的分解，从而降低血脂总量，对心血管系统疾病起到积极的预防作用。

（五）身体锻炼对呼吸系统的作用

呼吸系统是人体完成气体交换的所有器官的总称。机体在进行新陈代谢的过程中，经呼吸系统不断地从外界吸入氧，由循环系统将氧运送到全身的组织和细胞，经过氧化，产生组织、细胞活动所必需的能量，同时在氧化过程中产生二氧化碳，再通过循环系统运送到呼吸系统，排出体外，以保证机体活动的正常进行。体育锻炼可以增强人体呼吸系统的功能。其主要表现在以下几个方面。

1. 使呼吸肌更加发达

呼吸肌包括膈肌、肋间肌、腹肌等肌肉。众所周知，人体在进行身体锻炼时，肌肉对氧气的需求量比静止状态下要大得多。人体运动时的呼吸节奏与动作相配合，可以使呼吸肌随着动作进行有节奏的运动。这种有节奏的运动方式使膈肌、肋间肌、腹肌等肌肉在内的呼吸肌都得到了锻炼，肌力增强，呼吸肌也变得更加发达。随着呼吸肌的发达，肌肉收缩与舒张也就更加有力，呼吸时肌肉的运动幅度也随之增大。呼吸差是指尽力吸气和尽力呼气的胸围大小变化的差额，它是衡量呼吸运动幅度大小的常用标准。经常进行身体锻炼的人的呼吸差可以达到 8～16cm，比一般人的 5～8cm 增加了近 1 倍。每次呼吸都可以吸入或者排出更多的气体，使更多的气体得到交换，从而能更好地满足人体运动时组织细胞对氧的需求。

2. 使肺活量得到增大

肺活量是指尽力吸气后，作最大呼气所能呼出的气量。肺活量是人体肺部可以容纳空气量的最高限度，反映出呼吸系统的工作能力。因此，肺活量的大小通常被作为衡量体质强弱的重要标准之一，并与性别、年龄、锻炼程度等都有关系。一般来说，正常成年人肺活量的平均值：男子在 3500～4000ml 之间，女子在 2500～3000ml 之间。老年人和儿童的肺活量要比成年人的平均值小。经常从事身体锻炼的人，其肺活量与从事锻炼前相比有明显的增加，一般增值可达到 20%左右。有研究数据显示，身体锻炼对老年人肺活量的增加有着更为明显的效果，经常进行锻炼的老年人比不进行锻炼的同龄人的肺活量要多 30%左右。

3. 使呼吸频率明显降低

呼吸频率是指人体每分钟呼吸的次数。一般正常成年男子的呼吸频率为12～18次，女子的呼吸频率要比男子的稍快，老人和孩子的更快一些。因为身体锻炼能促进呼吸肌的发达，使每次正常呼吸的气体量比锻炼前增加、呼吸深度加大，呼吸的频率也随之减少。呼吸频率降低反映了呼吸系统功能的增强。

（六）身体锻炼对神经系统的作用

神经系统由脑和脊髓组成的中枢神经以及遍布全身各处的周围神经所组成。主导人体的各个器官系统，控制和调节人体的活动，使人体成为一个有机的整体。这个有机的整体既能适应外界环境的变化，又能不断变化达到与外界环境的相对平衡。神经系统的活动都是由各种各样简单或复杂的反射活动所组成，它在形态和机能上都是完整的、不可分割的整体。因此，身体锻炼对神经系统的影响主要有以下几个方面。

1. 身体锻炼使神经系统的反应更灵敏、更准确

因为神经系统由脑、脊髓和周围神经构成，人体在身体锻炼时，其动作都是肌肉、骨骼和关节在神经系统的支配下完成的。神经系统除了控制和调节运动过程之外，还能直接地感受动作完成方式的正确与否，使肌肉、骨骼和关节在神经系统的支配下变得更加灵敏和准确。

2. 身体锻炼使神经系统的调节作用得到进一步加强

人体在进行身体锻炼时，左、右侧身体的相互配合可以促进大脑左、右半脑的均衡发展。身体锻炼时所遇到的一些刺激可以增强神经系统的反应能力，使神经系统对外界变化的调节能够更迅速、更准确地作出判断，并与之进行相应的调整和支配。例如，锻炼者由于外界气温升高或者运动时体内积累的热量达到一定程度，神经系统会及时做出调节性的反应，并将命令传达到相应的器官，使皮肤的血流量增大，皮肤表面毛孔张开，汗液排出，进行散热。同样，当人体受到寒冷的刺激时，神经系统会对寒冷的刺激作出反应，使肌肉紧张，皮肤血管和毛孔收缩，血流量减少，减少体内热量的挥发。

第二章　田径运动项目的课程教学指导

第一节　走、跑项目课程的教学指导

一、跑的技术原理

跑是单脚支撑与腾空相交替，蹬与摆相配合，动作协调连贯的周期性运动。跑是人体完成位移的主要方式之一，也是人体运动的自然动作。

（一）影响跑的力

对人体运动产生作用的力包括内力和外力。

1. 内力

内力是指肌肉收缩时产生的力。它是人体运动的动力来源。肌肉收缩产生力的效果取决于以下几个因素：①单个肌纤维的收缩力；②肌肉中肌纤维的数量；③肌肉收缩前的初长度；④中枢神经系统的功能状态；⑤协同肌、对抗肌配合的协调性；⑥肌肉对骨骼发生作用的力学条件等。内力可以控制跑的技术动作，保持运动时的身体姿势，改变身体与支撑点的相互关系。

2. 外力

外力是指人体与外界物体相互作用时所产生的力。人体运动时受到的外力有以下几种。

（1）支撑反作用力

支撑反作用力是影响人体跑速的主要外力之一。支撑反作用力与人体跑动时蹬地的力量大小相等，方向相反，并且作用在同一条直线上。肌肉收缩产生的力是人体运动的动力来源，但必须通过支撑反作用力体现出来。在整个支撑期的不同阶段，支撑反作用力的大小和方向是不断变化的。这个力的大小取决于运动员的人体质量、跑的速度、肌肉用力情况。当运动员的身体重心位于支撑点的正上方时，支撑反作用力垂直向上。脚着地瞬间，身体重心位于支撑点后方，支撑反作用力是向后上方的，这样就产生了制动，使跑速降低。当支撑腿后蹬时，身体重心位于支撑点前上方，这时支撑反作用力是向前上方的，使人体向前跑动并产生腾空。向前上方或是后上方的支撑反作用力，均可分解为垂直分力和水平分力，它们所占比例的大小，决定着跑动的方向和速度。垂直分力大小决定了身体重心起伏程度；水平分力大小决定了身体重心水平移动速度的快慢。

(2)重力

重力是地心对物体的吸引力，方向指向地心。人体运动时，重力起不同作用。身体向下运动时，它是助力；身体向上运动时，它是阻力。身体重心在脚的支撑点前面时，起助力作用；在脚的支撑点后面时，起阻力作用。

(3)摩擦力

摩擦力是两个物体在它们接触面之间存在着阻碍它们运动的力，与运动方向相反。人体跑动时需要这种力的存在，它保证有牢固的支撑点。田径运动员跑鞋下面的鞋钉就是为了加大与跑道的摩擦力。

(4)空气阻力

人体跑动时，空气通常起阻力作用。跑速越快，阻力越大；人体面积越大，空气阻力越大。

(二)跑的动作周期构成与划分

跑属于周期性运动。运动员在跑的一个周期中经历了两次单腿支撑状态和两次腾空状态。

就一腿的动作而言，在一个周期中经历了支撑和摆动两个时期。这两个时期又可分为折叠前摆、下压准备着地、着地缓冲和后蹬四个阶段。当两腿同时处于摆动时期时，人体处于腾空状态。

(三)步长与步频

在跑的过程中，步长与步频的变化决定跑速的增减。步长与步频受多种因素影响。

第一，决定步长的因素有：腿长、蹬地力量和方向、下肢运动幅度、动作协调性、关节的灵活性、跑道的弹性和风向等。

第二，决定步频的因素有：人体神经的灵活性、下肢运动环节比例、腰部和腿部肌肉力量、收缩速度、运动器官协调等。

步长与步频相互依存、相互制约。如果同时提高步长和步频，跑速必然提高。但是，在实践中，二者中的任何一个因素都不能超过一定的限度。步频太快影响步长，步长太大又影响步频。因此，每个人根据个人特点选择合理的步长与步频比例是确保获得最快速度的关键。

二、短跑

(一)短跑技术发展概述

1.短跑技术的发展促进着短跑成绩的提高

20世纪初，短跑运动员在“快”的思想指导下，注意了步频的加快，形成了大腿抬得高、脚落地距身体投影点近、步幅较小的技术，被称为"踏步式"跑法。后来芬兰人克里麦特采用了"迈步式"跑的技术，上体直立或稍前倾，大腿抬得高并前伸小腿，脚落地距身体重心投影点较远，脚后跟先着地，步幅大、步频较慢。短跑技术由"踏步式"向"迈步式"技术的发展，促进了短跑成绩的提高。但由于"迈步式"脚后跟先着地，产生阻力较大，影响了步频提高。教练员、运动员在"迈步式"跑法基础上改进了跑的技术：膝关节放松，使小腿处于自然摆动状态，并用前脚掌着地，脚着地点距人体重心投影点距离较适中。这样的技术人们称为"摆动式"跑法，极大地促进了短跑成绩的提高。

在短跑技术的发展过程中，器械、场地的发展变化起到了积极的作用。钉鞋的出现、煤渣跑道的出现、起跑器的使用和塑胶跑道的使用，使短跑技术和成绩产生了质的飞跃。现代短跑技术，更加强调大腿前摆较高，送髋积极，脚掌"扒地"，动作轻快柔和，后蹬有力，蹬摆配合协调而富有弹性，摆臂幅度大而向前性好。

短跑技术中，起跑是主要组成部分。为使运动员在起跑时能够迅速、及时地摆脱静止状态，获得尽量大的起跑初速度，教练员和科研人员对短跑起跑技术和起跑器进行了大量的研究和改进，并根据运动员的身高、腿长、身体素质状况的差异，设计出"普通式""拉长式"和"接近式"等起跑器的安装方法。运动员在此基础上选择和改进有利于发挥个体能力的起跑技术，以提高自己的短跑成绩。

2. 中国短跑的发展

中国短跑项目的发展是不平衡的。1933 年在南京举办的全国第 5 届运动会上，刘长春以 10.7 秒的成绩创造了男子 100 米全国纪录。该纪录保持了 25 年之久。但女子短跑水平却很低。中华人民共和国成立之后，男女短跑项目水平迅速提高，1965 年中国短跑运动员陈家全以 10 秒的成绩平了当时男子 100 米的世界纪录，女子短跑运动员贺祖芳也以 11.5 秒的成绩打破女子 100 米全国纪录，进入世界先进行列。

20 世纪 90 年代以来，中国涌现了一大批优秀男女短跑运动员，如陈文忠、李涛、林伟、周伟，田玉梅、刘晓梅、李雪梅，特别是刘晓梅在 1993 年第 7 届全运会上以 11.02 秒打破了纪政保持的 100 米亚洲纪录。李雪梅又在 1997 第 8 届全运会上先后 4 次打破女子 100 米、200 米和 4×100 米接力的亚洲纪录。江西选手周伟于 1998 年以 10.17 秒创造了男子 100 米新的电子计时全国纪录。

（二）短跑技术

短跑属极限强度运动。短跑比赛项目包括 60 米、100 米、200 米、400 米，是发展速度素质最有效的手段，是许多田径项目以及其他一些运动项目的基础。短跑全程技术按技术动作的变化可分为起跑、起跑后加速跑、途中跑和终点跑四个部分。

1. 100 米跑的技术

（1）起跑

起跑的任务是使身体迅速摆脱静止状态，为起跑后加速跑创造条件。田径规则规定，在短跑比赛中运动员必须采用蹲踞式起跑,必须使用起跑器,运动员要按发令员的口令完成起跑动作。常用的起跑器有普通式和拉长式两种。安装起跑器的目的是使脚有牢固的支撑,形成良好的用力姿势,有利于起跑和起跑后的加速跑。

安装普通式时,前起跑器距起跑线一脚半长,后起跑器距前起跑器一脚半长。前后起跑器的支撑面与地面夹角分别成45。左右和60°～80°,两起跑器的中轴线间隔约15厘米。

安装拉长式时,前起跑器距起跑线两脚长,后起跑器距前起跑器一脚长,起跑器的支撑面与地面的夹角和两起跑器左右间隔与普通式基本相同。

运动员采用哪种起跑器和安装方法应根据个人的身高、体形、身体素质和技术水平等情况来选择。其目的是使运动员能充分发挥肌肉的最大力量,获取最大初速度,有助于加速跑的完成。

起跑过程包括“各就位”“预备”和鸣枪三个阶段。

听到“各就位”口令后,运动员可利用短暂时间稍做放松练习,稳定一下自己的情绪,然后走到起跑器前,俯身,两手撑地,两脚依次蹬在前后起跑器的抵足板上。脚尖应触及地面。后腿膝关节跪地,通常将有力腿放在前起跑器上。接着两臂收回到起跑线后支撑地面,两臂伸直,两手间距离与肩同宽或比肩稍宽,四指并拢或稍分开与大拇指成有弹性的“人”字形支撑,身体重心稍前移,肩约与起跑线齐平,头与躯干保持在一条直线上,颈部自然放松,身体重量均匀地落在两手、前腿和后膝之间,注意听“预备”口令。

听到“预备”口令后,逐渐抬起臀部。臀部要稍高于肩部0.1～0.2米,同时使身体重心向前上方移动。此时,身体重心落在两臂和前腿上,身体重心投影点在距起跑线15～20厘米处,两小腿趋于平行,前腿膝角为90°～100°,后腿膝角为110°～130°。两脚贴紧在前后起跑器抵足板上,注意力集中听枪声。

听到枪声后,两手迅速推离地面,屈肘做有力的前后摆动,同时两腿快速用力蹬起跑器。后腿快速蹬离起跑器后,便迅速屈膝向前上方摆出,摆出时脚不应离地面过高,这有利于摆动腿迅速着地并过渡到下一步。前腿有力地蹬伸,后蹬角为42°～45°。

(2)起跑后的加速跑

起跑后的加速跑是从蹬离起跑器到途中跑开始的一个跑段,一般为30米左右(优秀运动员略长)。它的任务是尽快加速达到自己的最高速度。

腿蹬离起跑器后,身体处于较大的前倾姿势,为了不使身体向前摔倒,继续加速,要积极加快腿与臂的摆动和蹬地动作,保持身体平衡。第一步的着地应尽量靠近身体重心投影点,脚着地后迅速转入后蹬。身体的前倾随着步长和跑速的增加逐渐减小,最后接近途中跑的姿势。

起跑后第一步约三脚半长,第二步为四脚至四脚半长,以后逐渐增大,直至途中跑的步长。

加速跑最初几步的支撑点是处在身体重心投影点的后面，这可以使后蹬的大部分力量用于提高水平速度。随着跑速的增大，支撑腿着地点位置逐渐向前移，直至在身体重心投影点前面着地。加速跑过程中，最初几步两脚着地点并非在一条直线上，随着速度的加快，两脚着地点逐渐合成一条直线。

两臂有力地前后摆动在起跑后加速跑中有很大意义。在加速跑中两臂动作与途中跑基本相同，但开始几步大腿前摆幅度较大，相应地，摆臂的幅度也较大。

(3)途中跑

途中跑的任务是继续发挥和保持最高跑速。起跑后加速跑结束即进入途中跑。一个单步由后蹬和前摆、腾空、着地和缓冲几个部分组成。

①后蹬和前摆：后蹬是推动人体向前的重要的动作阶段。当身体重心移过支撑垂直面时，支撑腿开始积极有力地后蹬。后蹬的用力首先从伸展髋关节开始，依次蹬伸膝、髋关节，直到脚掌蹬离地面，随着支撑腿的蹬地，摆动腿迅速有力地向前上方摆出，并带动同侧髋前移，大腿前摆与水平面成 15°～20°角。后蹬与前摆结束时，支撑腿与摆动腿的夹角为 100°～110°，支撑腿的支点到髋关节的连线与地面的夹角为 55°～60°，支撑腿蹬离地面时膝夹角为 150°～156°。支撑腿与摆动腿的协调配合是途中跑技术的关键，正确完成蹬摆技术，特别是加快摆动腿前摆的幅度和速度，对增大支撑反作用力、减小支撑腿的后蹬角度、增大水平速度和减小身体重心上下波动具有十分重要的作用。

②腾空：腾空是支撑腿结束后蹬离地面，进入无支撑状态。腾空期是从足尖离地后开始，支撑腿的大腿随着蹬地后的惯性，使膝关节折叠屈曲，同时，还伴随着另一条腿抬大腿的屈髋关节动作，形成边折叠边前摆姿势。即当左腿离地折叠前摆时，右腿的摆动已接近最高位置，当右腿摆至最高点后，大腿积极下压，小腿随大腿快速摆落，成前摆着地，“扒地”动作主动积极。与此同时，左腿大小腿夹角逐渐缩小，当右腿着地前，左膝角接近最小。在大腿摆落过程中，应强调前后两大腿做快速“剪绞”动作，以便加快步频。途中跑中，头部正直，上体稍前倾。摆臂动作是以肩为轴前后摆动，颈肩应放松，手成半握或伸直，臂弯曲，上臂与前臂约成 90°。前摆时，肘关节角度小于 90°；后摆时，肘关节角度大于 90°。摆动应自然、有力地前后摆动。向前摆动速度要快，幅度要大，手稍超过下颌；后摆时，肘稍朝外，不能耸肩，上臂摆到与地面接近平行。

③着地和缓冲：腾空结束时，摆动腿积极下压(避免小腿前伸)，用前脚掌富有弹性地着地。着地瞬间小腿与地面接近垂直，着地点距身体重心投影点 27～37 厘米，着地角为 65°～68°。摆动腿积极着地有利于缩短前支撑的时间，并能减小着地时的阻力，有利于身体重心迅速前移转入后蹬阶段。然后迅速屈膝屈踝缓冲，随着跑动惯性，摆动腿大小腿折叠，迅速向前摆动并与支撑腿靠拢。随着身体的继续前移，当身体重心位于支撑点上方时，身体重心高度几乎接近最低点，支撑腿的膝关节成 136°～142°，踝背屈角为 85°～90°，身体重心刚超

出支撑面瞬间，其位置处于最低点，这时膝关节和踝关节屈曲角度最大，支撑腿伸肌形成良好的拉长压紧待发状态。

在支撑腿缓冲过程中，另一侧摆动腿的大小腿折叠角处于最小状态，折叠越好，越能缩短摆动半径，减小摆动阻力，加快摆动速度，从而增大后蹬效果。

(4)终点跑

终点跑是全程跑的最后一段，应尽力保持途中跑的高速度跑过终点。终点跑的技术，要求运动员在离终点线15～20米处时，尽力加快两臂摆动速度和力量，保持上体前倾角度。当运动员离终点线前一步距离时，上体急速前倾，双手后摆，用胸部或肩部撞终点线。

2.200米和400米跑的技术

200米和400米跑，有一半以上的距离是在弯道上进行的。为了适应弯道，技术上有相应的变化。

(1)弯道起跑和起跑后的加速跑

为了便于弯道起跑后能有一段直线距离进行加速跑，应将起跑器安装在弯道跑道的右侧，起跑器对着弯道的切线方向。

弯道起跑后前几步应沿着内侧分道线的切线跑进。加速跑的距离适当缩短，上体抬起较早。在进入弯道时，应尽可能地沿着跑道内侧跑，身体及时向内侧倾斜。

(2)弯道跑技术

运动员从直道进入弯道时，身体应有意识地向内倾斜，加大右侧腿和臂的摆动力量及幅度。弯道跑时，身体应向圆心方向倾斜。后蹬时，右腿用前脚掌的内侧，左脚用前脚掌外侧蹬地。两腿摆动时，右腿膝关节稍向内摆动，左腿膝关节稍向外摆动。两臂摆动时，右臂前摆稍向左前方，后摆时肘关节稍偏向右后方；左臂稍离躯干做前后摆动。弯道跑的蹬地与摆动方向都应与身体向圆心方向倾斜趋于一致。

从弯道跑进直道时，应在弯道最后几步，身体逐渐减小内倾程度，自然跑几步，然后全力向前跑。

(三)短跑教学

短跑技术教学应以途中跑技术教学为基础，在途中跑技术掌握到一定程度后，再进行蹲踞式起跑、起跑后加速跑、终点跑、弯道跑及弯道起跑等技术教学。

1.教学步骤与方法

(1)建立正确的短跑技术概念

①讲解短跑的发展概况、短跑项目的技术特点、裁判法、规则等知识。

②技术示范，用50～60米做短跑完整技术示范。

③观看优秀运动员技术图片、录像或电影等，让学生直观了解短跑技术。

(2)学习直道途中跑技术

①教学方法

第一,学习摆臂技术。原地成弓步或左右站立做前后摆臂,摆臂的动作要领是以肩为轴,前后自然摆动。臂前摆时肘关节角度逐渐减小,后摆肘关节角度逐渐增大。两手半握拳或手伸直,摆臂时肩要放松,避免躯干左右晃动。

第二,学习用前脚掌着地富有弹性地慢跑。要求用前脚掌着地,脚跟离地较高,富有弹性地跑。

第三,在直道上中等速度做60～80米匀速跑。跑的动作应放松、协调,步幅开阔,摆臂幅度大,强调后蹬、大小腿折叠和高抬摆动腿技术。

第四,做大步幅的反复跑。体会摆动腿前摆充分带动同侧髋前送技术。

第五,以匀加速的技术跑60～80米,体会完整途中跑技术。

第六,行进间跑30～60米,特别强调技术动作的完整与放松。

②注意事项

第一,在途中跑教学中,要始终强调上肢与下肢协调配合技术。

第二,体会自然放松跑的技术和大步幅技术。

第三,随着技术的不断改进和完善,逐步加快跑速,延长跑的距离。

(3)学习蹲踞式起跑和起跑后加速跑技术

①教学方法

第一,讲解、示范蹲踞式起跑技术。

第二,让学生学习起跑器的安装方法。

第三,学习“各就位”“预备”技术,体会起跑动作要领。学生成组进行练习。

第四,学习起跑和起跑后加速跑。其一,体会迈第一步技术、摆臂技术、两腿蹬伸和前摆技术。其二,集体听信号蹲踞式起跑,加速跑20～30米。

②注意事项

第一,起跑器的安装及“预备”姿势的身体重心高低,应根据个人特点,不断调整起跑器的位置和抵足板角度。

第二,学习开始阶段,由于技术不熟练,不应过分强调身体前倾,以免摔倒或影响起跑和起跑后加速跑动作的连贯性。

第三,学习起跑技术初期,应以单人练习为主,听枪声集体起跑要在掌握技术后和教学后期进行。

(4)学习弯道途中跑和弯道起跑技术

①教学方法

A.讲解弯道跑技术特点,并做示范。

B. 沿一个半径 10～15 米的圆圈跑，依次按慢速、中速、快速跑的要求，体会随跑速的加快，身体内倾程度的变化。

C. 从直道进入弯道跑 30～40 米，体会从直道跑入弯道跑的技术。

D. 从弯道进入直道跑 30～40 米，体会从弯道跑入直道跑的技术。

E. 做全弯道跑。让学生进行 120～150 米的全弯道跑，体会进入弯道和跑出弯道的技术衔接。

F. 学习弯道安装起跑器的方法及弯道起跑后沿切线进入弯道的技术。

②注意事项

A. 练习圆圈跑时，应强调身体向圆心方向倾斜，不是躯干向内倾斜。

B. 观察学生弯道跑技术，教师应站在弯道的圆心处或正对着学生跑进方向的前面。

(5)学习终点跑技术

①教学方法

A. 讲解终点跑技术，并做示范。

B. 慢跑中做上体前倾撞线动作。

C. 中速跑 20 米，至终点线前 1 米，上体前倾，用胸部或肩部撞线。

D. 快速跑 30～40 米做撞线动作。

②注意事项

A. 终点撞线时，不能跳起撞。

B. 跑过终点后，随惯性逐渐减速，以免发生伤害事故。

C. 学生成组练习撞线时，要把跑速相近的编在同一组，以提高教学效果。

(6)改进和提高全程跑技术

①教学方法

A. 60 米全程跑。

B. 100 米和 200 米全程跑。

C. 技术评定和达标测验。

②注意事项

A. 改进和提高全程跑技术，要求各部分技术衔接得连贯自然。

B. 采用接近全力跑，切忌过分紧张。

2. 常见错误动作及其产生的原因和纠正方法

(1)坐着跑

第一，产生原因：①腿后蹬动作不充分。②支撑力量差。③腰、腹、背肌力量差。④髋关节前送不充分。⑤下压着地不积极。

第二，纠正方法：①讲清后蹬腿后蹬用力顺序。②加强腰、腹肌及支撑腿伸肌群力量。

③多做跑的专门练习，做上坡跑和下坡跑练习。④后蹬强调摆动腿带动髋前送。

(2)摆动腿向前上方摆动幅度小，摆动速度慢

第一，产生原因：①后蹬结束后，大小腿没有充分折叠，致使摆动腿前摆困难。②髋关节的屈大腿肌群力量不足及伸肌群不放松。③上体过于前倾，限制抬腿动作。④后蹬结束后，小腿后甩过高。

第二，纠正方法：①用语言强化向前上方摆抬。②加强抬大腿屈肌群力量练习。③纠正上体过分前倾错误，强调髋关节前送。

(3)摆臂紧张、左右横摆、前后摆动幅度不适当、甩前臂等

第一，产生原因：①对正确的摆臂技术概念不清。②肩关节紧张。③肩关节力量差。

第二，纠正方法：①反复做原地摆臂练习。②在中等速度中改进摆臂技术。③增强上肢力量，特别是肩关节的力量。

(4)前后腿蹬起跑器用不上力

第一，产生原因：①起跑预备姿势臀部抬得过高或过低。②两脚没压紧起跑器。③两臂前后摆动无力。

第二，纠正方法：①调整预备姿势，使两腿的膝角适当减小，让两腿处于最佳用力状态。②反复练习蹬离起跑器动作。③做迈第一步与摆臂组合的练习。④做摆臂的辅助练习。

(5)起跑后加速跑上体抬起过早

第一，产生原因：①支撑腿力量差，怕跌倒。②起跑后头部过早上抬，使上体过早抬起。③两个起跑器之间的距离太近。

第二，纠正方法：①讲清起跑后加速跑动作要领。②加强摆臂摆腿和蹬离起跑器的练习。③适当拉长两起跑器间的距离。

三、跨栏跑

(一)跨栏跑技术发展概述

1.跨栏跑技术与栏架的变革

跨栏跑技术与栏架的变革有很大关系。1896 年第 1 届奥运会时，栏架为篱笆式，埋在地下，很不安全，运动员用跳跃的方法过栏。这样的栏架限制了跨栏技术的改进与提高。随着栏架的不断改进，1935 年国际田联决定用“L”形栏架，为现代跨栏技术的形成奠定了基础。

2.中国跨栏跑的发展

1910 年全国第 1 届运动会上跨栏跑就被列为正式比赛项目，但发展缓慢，水平较低。

中华人民共和国成立后，跨栏跑的成绩迅速提高。在 20 世纪 60 年代中期，许多优秀运动员，如梁仕强、周裕光、周连立、高济桥、崔麟、刘正、文蕴珍等进入世界排名前列。1965 年崔麟 110 米栏以 13.5 秒的成绩名列当年世界前茅，刘正、文蕴珍 80 米栏 10.8 秒、10.7 秒的

成绩也进入世界前6名。

20世纪70年代至80年代中期,中国跨栏水平下降,与世界水平有了较大差距。20世纪90年代以来,中国110米栏优秀运动员李彤多次在国际重大比赛中进入前8名,以13.37秒的成绩进入世界先进行列。

(二)跨栏跑技术

跨栏跑的运动成绩是由运动员的栏间跑速度、过栏技术以及跑跨结合技术决定的。跨栏跑项目有男子110米栏,女子100米栏,男、女400米栏。下面按直道栏、弯道栏进行技术分析。

1. 直道栏技术

直道栏包括110米栏和100米栏,因二者技术差别较小,重点介绍110米栏技术。直道栏全程跑分为起跑至第一栏技术、过栏技术、栏间跑技术、全程跨栏跑技术。

(1)起跑至第一栏技术

起跑至第一栏加速跑的任务是快速起动,积极加速,为顺利地跨过第一栏和全程跑打好基础。

起跑采用蹲踞式起跑,起跑器安装方法和起跑动作与短跑基本相同。起跑至第一栏跑8步时,起跨腿在前;少数身材比较高大的运动员跑7步,摆动腿在前。

起跑预备时,臀部位置稍高,起跑后加速跑时各步后蹬角度较大,身体重心位置较高。跑到第六步以后,身体姿势已接近途中跑的姿势,并准备起跨过栏。起跑后各步步长均匀增大,栏前最后两步积极跑进,最后一步起跨腿积极着地缩短步长0.1~0.2米,以加快起跨速度。

(2)过栏技术

过栏是从起跨脚踏上起跨点到过栏后摆动腿的脚接触地面的过程。110米栏跨栏步步长3.30~3.50米,100米栏跨栏步步长2.80~3.05米。过栏的任务是使身体迅速越过栏架,为栏间跑创造条件。跨栏步技术分为起跨攻栏、腾空过栏、下栏着地三个阶段。

①起跨攻栏:是指从起跨脚踏上起跨点到后蹬结束离地时的准备过栏动作。起跨攻栏技术正确与否决定过栏速度和下栏后的继续跑进的效果。

起跨前应保持较高的跑速,110米栏起跨点离栏2.00~2.20米,100米栏离栏1.90~2.10米,后蹬要求迅速有力,蹬地结束瞬间起跨腿髋、膝、踝关节充分伸展,并与躯干、头基本成一条直线。起跨后蹬角度110米栏为68°~72°,100米栏约为70°。

当起跨腿踏上起跨点时,摆动腿在体后开始折叠,足跟靠近臀部,膝向下,以髋为轴,大腿带动小腿积极向前摆直到膝超过腰部高度。摆腿速度越快,越有利于加大蹬地力量及完成摆动腿过栏动作。

在两腿蹬摆配合完成起跨动作过程中,上体随之加大前倾,摆动腿异侧臂屈肘向前上方摆出，肘关节达到肩的高度，另一臂屈肘摆至体侧，整个身体集中向前用力，平衡舒展，起跨结束时形成一个良好的攻栏姿势。

②腾空过栏：腾空过栏时身体重心沿着起跨时形成的抛物线轨迹向前运动。身体重心抛物线轨迹是由腾起角决定的，而腾起角取决于水平速度与垂直速度的比值。优秀运动员起跨后蹬角度较小（约68°），有利于获得较大的水平速度。

起跨腿蹬离地面后，摆动大腿继续向前上方摆动直到膝关节超过栏板高度，小腿迅速前摆。

在摆动腿前摆的同时，异侧臂和肩也伸向栏板上方，使肘超过膝，异侧臂与摆动腿基本平行。同侧臂后摆，上体加大前倾，躯干与摆动腿形成锐角，眼视前方。

在摆动腿脚掌到达栏板之前，起跨腿一侧的髋关节保持伸展，大腿屈肌处于拉紧状态，小腿约与地面平行或膝略高于踝，这样两腿在栏前形成一个约120°以上夹角的大幅度劈叉动作，这是两腿快速剪绞过栏的预先条件。

100米栏过栏时，摆动腿伸直或不完全伸直，上体稍前倾，摆臂幅度较小。

③下栏着地：下栏是从摆动腿的脚掌移过栏板、大腿下压开始的。摆动腿下栏着地积极与否，在很大程度上取决于起跨时高抬快摆的程度。

下栏时在摆动腿积极下压的同时起跨腿屈膝外展，小腿收紧抬平，脚尖外展上翘，足跟靠近臀部，以膝领先，迅速向胸前提拉。两腿在空中完成一个协调有力的以髋关节为轴的剪绞动作，同时两臂与躯干协调配合积极摆动，摆动腿异侧臂和向前提拉的起跨腿做相向运动，膝肘几乎相擦而过。当臂划过肩以后，屈肘内收摆向体后，另一臂屈肘前摆，以维持身体平衡。

下栏时，上体积极保持一定前倾，摆动腿伸直，用前脚掌后扒着地，着地点距栏架110米栏为1.40～1.50米、100米栏为1.00～1.20米。摆动腿着地后髋关节稍有缓冲，膝、踝关节保持伸直，使身体重心处在较高的位置上，起跨腿提拉到身体正前方，大腿高抬积极跑出第一步。

（3）栏间跑技术

栏间跑技术是指从过栏后摆动腿的脚着地点至起跨腿的脚踏上起跨点这段距离中所表现出来的技术动作特征。栏间跑的主要任务是尽可能地加快栏间跑节奏，提高跑速，为顺利跨过下一栏创造有利条件。

栏间跑技术基本上与短跑一样。为了减小身体重心上下起伏，栏间要保持高重心，大腿高抬，用前脚掌着地。要跑得轻快、有弹性、直线性好，两臂摆动积极有力，幅度较大，上体稍前倾，两眼平视。由于栏间距和跑的步数固定，步长也比较稳定，所以提高栏间跑速度主要靠加快步频和改进跑的节奏来实现。

（4）全程跨栏跑技术

全程跑的任务是合理地将跨栏步技术与快速的栏间跑技术紧密地结合起来，保持正确的节奏和最快的速度跨越全部栏架，到达终点。

我们将全程跑看成一个整体，但各阶段也有所差异。首先要过好第一栏，这对于速度的发挥、节奏的建立以及运动员树立自信心都有着十分重要的意义。全程跑的前三栏属于加速阶段，第四至第六栏达到最高速度，第七至第九栏由于运动员的体力呈逐渐下降趋势，所以此时运动员应注意在技术上控制动作不变形，在速度上避免下降过快。第十栏是最后一个障碍，过此栏时，运动员要加快下栏动作的速度，过栏后把跨栏节奏调整为短跑节奏，注意用力蹬地和摆臂。

2. 弯道栏技术

弯道栏包括男、女 400 米栏。400 米跨栏跑的栏架较低(男 0.914 米、女 0.762 米)，过栏并不十分困难，但是栏间距和全程跑距离都比较长，对步长、节奏、速度、耐力和意志品质等要求较高。

(1)起跑至第一栏技术

起跑在弯道上进行，采用蹲踞式起跑。起跑技术基本上与 400 米起跑相同。起跑至第一栏一般男子跑 20～23 步，女子跑 23～25 步。起跑的步数与全程跑的节奏相适应。起跑至第一栏跑的步数固定，保持步长的准确性对顺利跨过第一栏和跑好全程有着重要意义。

(2)过栏技术

男、女 400 米栏过栏技术基本相同，与 110 米栏比较，也没有实质上的区别。由于栏架高度和栏间距离不同，所以在过栏动作幅度、用力程度和动作细节上稍有差别。

400 米栏要先后跨过放置在两个弯道上的 5 个栏架。为了克服向前做直线运动的惯性，运动员必须适当改变身体姿势以及后蹬和前摆的用力方向以产生向心力，克服离心力，使自己能顺利过栏。跨 400 米栏的运动员用右腿起跨比较有利，因为运动员可以靠近跑道左侧跑，弧线较短。起跨时用前脚掌内侧蹬地，左腿前摆膝稍向外，右臂向左前方伸出，左臂屈肘向右后方摆出，右肩高于左肩，整个身体向左倾斜。下栏时，左脚用前脚掌外侧在靠近左侧分道线处落地，右腿提拉动作的用力程度也相应加大，这样在下栏后身体可以靠近左侧分道线跑进。如果用左腿起跨过栏，运动员在栏前两三步应沿着跑道中线跑，并从跑道中线向偏右方向起跨，这样可以避免起跨腿过栏时越出栏架而犯规。由于各栏间的步数有时会发生变化，因此，掌握两腿轮换起跨过栏比较有利。

(3)栏间跑技术

栏间跑一般男子跑 13～15 步，女子跑 15～17 步。左、右腿均能起跨攻栏者，可采用 14 步或 16 步栏间跑节奏。栏间跑有相同节奏和混合节奏两种，混合节奏是指前半程、后半程或不同段落采用不同步数的栏间跑节奏。世界优秀运动员多采用相同节奏。栏间跑步数和节奏的建立应根据个人训练水平而定，不应盲目模仿，也不应在临场比赛时任意改变。好的栏间跑技术表现为跑速均匀、节奏准确、动作轻松、向前跑的效果好。

(4)终点冲刺和全程体力分配

合理分配体力对提高全程跑成绩有直接作用。在保持合理的栏间跑节奏和顺利过栏的前提下,全程采用匀速跑对提高成绩比较有利,后半程慢于前半程 2～3 秒。从最后一栏到终点为 40 米,运动员都会感到疲劳,运动能力下降。此时,也是争取比赛胜利的重要时刻,要特别注意保持正确跑的技术,加强摆臂、抬腿动作,以顽强的毅力冲向终点。

(三)跨栏跑教学

1. 直道栏教学步骤与方法

(1)建立正确的跨栏跑技术概念

第一,教学方法:①简要讲述跨栏跑的特点、项目、比赛规则等。②结合图片、幻灯、录像等直观教学工具,讲解跨栏跑技术。③示范:蹲踞式起跑跨 3～4 个栏。④组织学生试跨 2～3 个低栏。

第二,注意事项:①跨栏跑技术较复杂,对身体全面发展水平要求较高,一般安排在短跑技术教学以后进行。②教师的讲解,应简明扼要,不宜分析过细,示范动作力求准确,以建立正确概念,形成清晰表象。③降低条件的跨栏跑,主要使学生粗略体验跨栏跑的技术。可根据学生的实际水平,缩短栏距,降低栏高,使学生重点体会跨栏步的技术和栏间跑的动作。

(2)学习掌握过栏技术

①教学方法

A. 原地或慢跑中摆动腿由栏侧做过栏练习:从栏前 1.10 米处起跨,摆动腿屈膝高抬,膝盖到达栏架高度时,小腿迅速向前摆出,接着大腿积极下压,直腿下落,两臂配合。

B. 原地栏侧做起跨腿过栏练习:双手扶肋木站立,在起跨腿一侧距肋木 1～1.2 米远处横放一栏架,在栏顶做起跨腿屈膝经腋下向前提拉过栏,当起跨腿的膝提举到身体正前方时,自然放下。熟练后,做慢跑或快跑栏侧提拉过栏练习。

C. 慢跑或高抬腿跑过栏练习:起跨点距栏约 1.00 米,过栏动作同前,但幅度小,腾空时间短。注意栏前栏后高重心支撑,上下肢协调配合,尽量不要向上跳,下栏后继续高抬腿跑,准备过下一个栏。

②注意事项

A. 跨栏步教学是跨栏跑技术教学的重点,教学中可以通过上述分解练习和专门性练习帮助学生掌握动作。但分解练习不宜过多,同时,要结合跨栏步教学,安排较多的发展柔韧性和髋关节灵活性的练习,以利教学任务的完成。

B. 跨栏步教学中,应注意观察学生练习时的足迹,根据学生的情况帮助确定适宜的起跨距离。

C. 跨栏步的专门性练习和技术教学中,都应注意下肢动作与上体、两臂动作的协调配合。

(3)学习起跑过第一栏技术

第一,教学方法:①确定步点:根据学生的不同水平,在起跨点处分别画出起跨标志,要求学生站立式起跑用 8 步反复练习,建立栏前 8 步步长的空间定位感。②起跑过第一栏专门性练习:站立式起跑,起跨腿或摆动腿栏侧过栏练习。③站立式起跑过第一栏:要求同上,过第一栏后继续跑进。④蹲踞式起跑过第一栏:使用起跑器,听信号练习。

第二,注意事项:起跑到第一栏的技术要求步点准确、节奏感强、积极加速。

(4)学习过栏与栏间跑相结合技术

第一,教学方法:①站立式或蹲踞式起跑过前 3 栏:适当缩短栏距,降低栏高,使学生逐步掌握栏间跑技术和节奏。随着技术的提高,逐步过渡到标准栏。②成组站立式起跑跨 3~5 栏。③站立式或蹲踞式起跑过 5 栏、8 栏、10 栏等多栏技术练习。

第二,注意事项:①栏间跑的教学,要在起跑过第一栏技术教学后进行。从跨栏跑速度曲线的特点来看,一般要在第三栏后才能达到或接近个人的最高速度,因此,前三栏是跨栏的疾跑阶段,应将栏间跑与起跑至第一栏技术有机地结合起来,完成前三栏加速任务。②第三栏后的跨栏进入途中跑阶段,主要任务是提高学生跨栏跑专项耐力,防止后程跑技术变形,以保持跑的速度。

(5)学习全程跨栏跑技术

第一,教学方法:①站立式或蹲踞式起跑跨过 2~3 个栏。②蹲踞式起跑跨过 5~7 个栏。③听发令枪声起跑跨越 5~10 个栏。

第二,注意事项:①着重改进个人过栏与栏间跑技术,建立正确的跨栏跑节奏。②下最后一栏时尽力跑向终点,做冲刺撞线动作。

2. 弯道栏主要教学步骤与方法

(1)教学方法

①结合图片、录像等直观教学工具,讲解弯道栏的技术特点。

②站立式起跑跨过 4~5 个弯道栏,栏间跑 5 步,让学生体会弯道过栏技术。

③蹲踞式起跑过第一个栏,熟悉与确定个人的步长与节奏。

④蹲踞式起跑过三栏,熟悉与确定个人栏间跑的步数与节奏。

⑤200 米栏练习,熟悉弯道跑的栏间步数与节奏。

⑥400 米栏练习,体会不同栏间跑的节奏差异。

⑦教学比赛,检查教学成果,明确个人技术上的不足。

(2)注意事项

弯道栏的教学中最好将栏架放在第二道,有利于学生学习和体会弯道技术。

3. 常见错误动作及其产生原因与纠正方法

(1)直腿攻栏

第一,产生原因:对摆动腿动作概念不清;摆动腿膝关节紧张,小腿前伸过早;大腿高抬不够，大小腿折叠不充分；摆动腿屈肌力量差。

第二，纠正方法：①示范、讲解起跨攻栏技术，强调大小腿折叠及打开的时机，从力学的角度分析直腿攻栏的危害。②利用肋木、鞍马、栏架等器械反复做攻摆练习。

(2)跳栏

第一，产生原因：栏前跑的技术差，特别是栏前一步拉大步，用足跟踏地起跨或全脚掌着地起跨造成很大制动；起跨点过近，起跨角度过大；腿部力量差；心理上怕栏。

第二，纠正方法：①改进栏前跑技术，形成较准确的步长，提高起跨点的准确性。②适当降低栏架高度，缩短栏间距离，适当加长起跨距离，保持高重心的跑法，最后一步按短步标志跑，踏上起跨点后起跨攻栏。③通过各种跳跃练习发展腿部及踝关节小肌群的力量。④反复进行各种专门练习，提高对栏架的感觉，克服怕栏心理。⑤教师在栏架上方平举一竹竿，让学生过栏时加大身体前倾，从竹竿与栏架之间越过。

(3)腾空时两腿动作消极，剪绞时机不正确

第一，产生原因：起跨腿蹬地不充分，提拉过早；柔韧性差，不能做出大幅度的分腿动作；摆动腿下压不积极；上体直立，妨碍起跨腿提拉动作的完成。

第二，纠正方法：①有意识地控制起跨腿，防止过早提拉，加大两腿的分腿角度，然后进行快速剪绞过栏。②发展两腿的柔韧性和髋关节的灵活性。

(4)下栏时身体不平衡，动作停顿

第一，产生原因：摆动腿下压消极，上体直立，下栏着地时身体重心落后；起跨腿蹬伸不充分，急于提拉起跨腿，下栏时两腿几乎同时落地；腿、臂配合不协调，躯干扭转，肩轴偏斜。

第二，纠正方法：①做各种跨栏专门练习，提高压栏意识，改善两腿的剪绞配合和过栏时身体稳定性。②做跨栏上下肢配合模仿性练习，加强起跨腿同侧臂的控制能力，不使该臂后引带动肩和躯干扭转。

(5)下栏后第一步过小，破坏了栏间跑节奏

第一，产生原因：摆动腿下栏消极，起跨腿提拉过早；起跨腿提拉不正或幅度小；下栏着地技术不好或支撑不稳固和后蹬力量弱。

第二，纠正方法：①通过过栏的专门练习，改进下栏着地和两腿剪绞动作。②按标志跑出下栏后的第一步。③采用各种跳跃练习，发展小肌群力量，提高支撑及后蹬力量。

(6)栏间跑直线性差

第一，产生原因：起跨攻摆方向不正或提拉不到位，支撑力不够产生倒体，下栏时摆动过大造成上体扭转。

第二，纠正方法：①在栏板上设标志，调整攻栏方向。②将栏架放在分道线上，让学生下栏后沿直线跑。③改进跨栏步技术，提高过栏的向前性。

(7)栏间倒小步，节奏紊乱

第一，产生原因：下栏时身体重心落后，造成栏间跑第一步减速；过栏后对跨越下一栏架

心理上准备不足;腿部力量差。

第二,纠正方法:①改进跨栏步技术,提高下栏着地与栏间跑的结合能力。②缩短栏间距离,使学生建立正确栏间跑节奏。③降低下一栏架,减小学生的心理压力。④发展腿部力量,提高平跑的步长。

(8)弯道过栏后身体扭转,下栏有停顿

第一,产生原因:起跨点过于偏左,身体向左倾斜不够;摆动腿摆起方向偏右,起跨腿蹬地力量弱;向前提拉速度慢,幅度小,身体两侧动作不平衡。

第二,纠正方法:①强调弯道过栏时要主动向左倾斜身体,摆动腿下栏着地向左用力,起跨腿(右腿)多向左提拉抬膝到身体中线。②在 20 米半径的弯道上练习过栏,或在田径场弯道上练习快速过栏,栏间距 17 米跑 7 步(女生可跑 9 步),体会在加速情况下利用身体倾斜的向心力顺利跨越弯道栏的技术。

四、竞走

走是人类活动的基本技能。竞走运动是在日常行走的基础上发展起来的,不受年龄、性别、场地、器材和时间的限制,是一项易开展的运动项目。竞走锻炼可以发展腿部力量,增强心血管和呼吸系统的功能,培养顽强的意志品质。

1908 年第 4 届伦敦奥运会已设男子竞走项目。之后竞走运动经过曲折的发展,如今受到世界各国的重视。随着竞走运动竞技水平的不断提高,竞走规则也在不断完善。当前的竞走技术注意脚后跟明显着地,防止着地瞬间屈膝,还强调骨盆沿垂直轴转动的幅度与步频两者的协调一致。

竞走项目有公路项目和田径场地项目两种,公路比赛以公里为距离单位,田径场地以米为距离单位。奥运会只有女子 10 公里、男子 20 公里和 50 公里 3 个项目。

(一)竞走技术

国际田联对竞走技术定义为:竞走是运动员与地面保持接触、连续向前迈进的过程,没有(人眼)可见的腾空。前腿从触地瞬间至垂直部位应该伸直(即膝关节不得弯曲)。竞走运动员、教练员必须以竞走定义规范自己的技术,竞走裁判则应以眼睛观察为依据,在维护竞走定义的前提下,对运动员技术实施诊断、控制和裁判。

竞走与普通走在步长和步频上、动作的外形上有较大差异,普通走的步长一般为 0.6～0.8 米,步频为 80～100 步/分,而竞走步长可达 1.1～1.2 米,步频可达 200 步/分以上。竞走时要求脚着地至垂直支撑阶段腿必须伸直,而普通走则没有限制。跑是腾空与支撑交替进行的周期性运动,竞走是单腿支撑与双腿支撑交替进行的周期性运动,这是竞走与跑的区别。

竞走项目是以有氧代谢和混合代谢为主、中等强度的耐力性项目,对运动员心血管系统和呼吸系统要求较高。

1. 下肢技术

下肢技术是竞走技术的核心。竞走在一个单步中，分为单腿支撑和双腿支撑两个时期，单腿支撑又有前支撑、垂直支撑和后支撑三个阶段。在单腿支撑阶段，另一腿处在摆动过程中，摆动过程又分为后摆阶段、前摆阶段和双支撑阶段。这样，竞走在一个复步中就形成了前支撑、垂直支撑、后支撑、前摆、后摆和双支撑六个阶段。

当身体重心移过垂直支撑阶段时支撑腿进入后支撑阶段并开始后蹬。后蹬动作是从支撑腿快速有力的蹬地到脚尖蹬离地面，在即将蹬离地面的瞬间形成双支撑阶段，在后蹬过程中骨盆沿身体垂直轴转动。后蹬结束，后摆阶段开始，摆动腿迅速前摆，膝关节自然弯曲，大小腿之间角度大于 90°，在支撑腿垂直支撑阶段，摆动腿膝关节角大约 120°±10°。

当身体重心移过垂直支撑阶段，摆动腿即进入前摆阶段。前摆时，小腿依靠大腿带动前摆，迅速打开膝关节，在脚掌即将着地时，膝关节应当伸直，用脚后跟先着地，形成双支撑姿势。从脚后跟着地至垂直支撑是前支撑阶段，这个阶段要求腿必须是伸直的。由于前支撑阶段产生的支撑反作用力对速度起制动和阻力作用，因此，脚掌应迅速柔和地滚动到扒地动作。

竞走时身体重心的上下起伏和左右摇摆较小，身体重心运动的轨迹接近直线前移。竞走速度越快，身体重心轨迹越容易接近直线。

2. 躯干和摆臂技术

竞走时躯干正直，两眼平视，颈部放松，躯干动作要与两臂的摆动和两腿的蹬摆相互配合。为维持身体平衡，保证身体重心运动轨迹接近直线前移，肩横轴应与骨盆横轴围绕身体垂直轴做反方向转动。

摆臂的主要任务是维持平衡。摆臂时半握拳，以肩为轴，屈肘约 90°，自然有力地前后摆动。前摆时拳不超过身体中线，不要高过下颌；后摆时肘稍向外，摆至上臂与地面近乎平行。

逆时针弯道竞走时身体稍向左倾斜，后蹬时右脚掌内侧、左脚掌外侧向后下方蹬地，右臂摆动的幅度和力量稍比左臂大；顺时针弯道竞走时相反。上坡竞走时，根据坡度大小，身体适当前倾，减小步幅，加快频率；下坡竞走时技术相反。向前倾或向后仰的程度应与坡度大小成正比。

竞走时呼吸是十分重要的，要与腿、臂的摆动节奏相配合，用鼻和半张开的口进行呼吸，还要注意呼吸的节奏，要自然而有深度。

（二）竞走教学特点与注意事项

1. 教学特点

竞走技术较为复杂，要在有限的学时中让学生掌握竞走技术十分困难，因此，竞走教学主要是通过大量的直观教学深化对竞走技术的认识，建立正确的技术概念。教学中通过分解教学和竞走专门性练习体会竞走技术的要求。

2.注意事项

第一,不应急于掌握竞走技术,要领会和认识竞走定义实质,建立正确的竞走技术概念。

第二,通过支撑肋木进行送膝和送髋练习及交叉步走、侧向前后交叉走,发展髋关节灵活性,体会骨盆围绕身体垂直轴前后转动,防止只注意腿的技术忽视髋关节在竞走技术中的作用。

第三,初学时严格控制速度,不宜快走,从慢走、中速走中领会竞走是否符合竞走定义中关于不得腾空和不得屈腿的要求。

第四,主要使学生能正确认识竞走技术,分析竞走技术,以基本能判别竞走动作是否符合竞走定义要求为原则。

第五,教师在教学中要不断指出练习中的正确与错误技术,并通过正误对比使学生深化竞走技术概念。

五、接力跑

接力跑是田径运动中以集体形式出现的竞赛项目,由于这一显著特点和竞争的激烈性,接力跑往往是田径赛场上最具吸引力和令人关注的项目之一。

(一)接力跑技术

接力跑形式多样。目前在大型室内田径比赛中,正式设置的场内竞赛项目一般为男、女4×100米接力跑和男、女4×400米接力跑。规则要求必须在20米长的接力区内完成传接棒动作,但4×100米接力跑的接棒运动员可在接力区始端外延10米的预跑区内起跑。

目前男子4×100米接力跑的世界纪录为36.84秒,女子为40.82秒。男子4×400米接力跑的世界纪录为2分54秒29,女子为3分15秒17。

1.4×100米接力跑技术

(1)起跑

第一,持棒起跑:第一棒运动员采用蹲踞式起跑,通常右手持棒,其基本技术类同短跑起跑,但接力棒不得触及起跑线及起跑线前面的地面。持棒的方法一般用中指、无名指和小指握住棒的末端,用拇指和食指分开撑地。

第二,接棒人起跑:第二、第三、第四棒运动员多采用半蹲式或站立式起跑。第二、第四棒选手站在跑道外侧,第三棒选手站在跑道内侧。接棒运动员起跑姿势的选择,主要取决于能否快速起跑和进入加速跑,并能清晰地看到传棒选手以及设定的起跑标志。

(2)传、接棒方法

一般采用不看棒的传、接棒方法,这种方法分为以下两种。

①上挑式:接棒人手臂自然后伸,手臂与躯干成40°~45°角,掌心向后,虎口张开朝下。

传棒人将棒由下向前上方“挑”送到接棒人手中。此种方法的优点是接棒人手臂后伸的动作比较自然放松，易掌握。缺点是第二棒接棒后，手已握在棒的中部，这样不便于持棒快跑。另外，第三、第四棒传接棒时，棒的前端已所剩不多，所以相对容易掉棒。

②下压式：接棒人手臂后伸，与躯干成 50°～60°角，掌心向上，虎口向后，拇指向内。传棒人将棒的前端由上向下“压”送到接棒人手中。此种方法的优点是每一次传接棒都能握住棒的一端，便于持棒快跑。缺点是接棒人在手臂后伸时相对紧张。

在 4×100 米接力跑中也可以采用混合式的传、接棒方法：第一棒运动员右手持棒，沿弯道内侧跑进，用上挑式将棒传出；第二棒运动员左手接棒，沿跑道外侧跑进，用下压式将棒传出；第三棒运动员右手接棒，沿跑道内侧跑进，用上挑式将棒传到第四棒运动员的手中。

(3)传、接棒的时机

在 20 米接力区和 10 米预跑区的 30 米内，传、接双方都能发挥出接近自己最高跑速时，为传、接棒的良好时机。一般把这一时机设计在离接力区末端 3～4.50 米处出现，其依据是此时传棒运动员仍处于高速之中，而接棒运动员也能加速到一定的水平。

(4)传、接棒时的获益距离

一般当传棒人距接棒人 2～1.5 米左右时，即发出约定口令，随即接棒人迅速后伸手臂接棒。传接双方在高速情况下顺利完成传接动作瞬间身体重心相隔的最大水平距离，习惯上称为获益距离，如每一接力区能产生 1.5 米左右的获益距离，那么全程即有 4.5 米甚至更多的获益距离，这对提高 4×100 米接力跑的成绩有着重要的意义。获益距离取决于运动员的身高、臂长、手臂的伸展程度以及传接棒技术的熟练程度等。

(5)接棒人起跑标志的确定

这一标志的作用是当传棒人跑到此标志时接棒人开始起跑。此标志离接棒人起跑处的距离是根据传接双方的跑速以及传接棒技术的熟练程度等因素来确定的。其计算方法有多种，下面介绍比较简便的一种：

$$\text{标志距离} = V \times T - (D - D1) \qquad (2-1)$$

式中，V：传棒人最后 30 米的平均速度。

T：接棒人从起跑至接棒点所用时间。

D：接棒人从起跑至接棒点所跑距离。

D1：获益距离，一般设计为 1.5 米。

以上计算尚属粗略，要在反复调整中才能最后确定，其中根据接棒人起跑加速的能力确定 D 是很重要的一环。

(6)接力队员的棒次安排

4×100 米接力跑的成绩主要取决于各棒运动员的短跑速度和传接棒技术。一般第一棒应选择起跑好并善跑弯道的选手；第二棒应是传接棒技术熟练且专项耐力较好的运动员；

第三棒除应具备第二棒的长处外，还要善跑弯道；第四棒通常是短跑成绩最好、冲刺能力最强的运动员。

2. 4×400 米接力跑技术

4×400 米接力跑的传接棒技术相对简单，但由于传棒人最后跑速已不快，所以接棒人应慢速跑进，目视传棒人，顺其跑速接棒，然后再快速跑出。

第一棒采用蹲踞式起跑，持棒方法同 4×100 米接力第一棒。第二、第三、第四棒采用站立式起跑，通常站在接力区后沿的前面，头部转向后方，看好同队的传棒队员，如果传棒人最后仍有一定的速度，那么接棒人可以早些起跑；如果已较缓慢，则应晚些起跑；如已筋疲力尽，则要主动接棒，并力争早些完成传接棒动作。传棒运动员要注意服从裁判安排，并注意在不影响其他队跑进的情况下从两侧退出跑道。

4×400 米接力跑各棒次运动员的安排原则一般第一棒安排技术良好、实力较强的选手，力争在第一个 400 米成为领先者，这样有利于第二棒运动员水平的充分发挥，并对全队士气起到鼓舞作用。第四棒应是全队实力最强的选手。接力跑的胜负有时会突出地表现在最后一棒运动员的竞争上。

（二）接力跑教学特点与注意事项

1. 教学特点

接力跑技术教学通常是在掌握了短跑技术之后进行的。接力跑是集体项目，所以在教学过程中要注意进行团结协作精神的教育。

教学以 4×100 米接力跑为主，重点一般放在传接棒技术和各棒次的起跑技术上，同时注意学习和掌握接棒人起跑标志的确定方法和操作过程。

接力跑技术教学的步骤如下：

①建立正确的技术概念。

②学习上挑式和下压式传接棒技术。

③学习各棒次的起跑技术。

④学习在接力区内完成传、接棒技术及接棒人起跑标志的确定方法。

⑤学习全程接力跑技术。

2. 注意事项

第一，4×100 米接力跑教学时，注意在高速跑的情况下确定和调整接棒人起跑标志。

第二，4×100 米接力跑练习时，当接棒人看到传棒人跑到起跑标志时要迅速起跑（不能过早或过晚）。另外，接棒人要注意沿正确的跑道一侧跑进。

第三，接棒人要消除紧张心理，不要过早伸手臂等待接棒，以免影响跑速。

第四，接棒人后伸手臂不能晃动太大，否则会给传棒造成困难。

第五，传棒人的口令不能过早或过晚，传棒动作应果断。

六、中长跑

中长跑包括中距离跑和长距离跑。中跑是对速度耐力要求较高的项目，长跑是以耐力为主的项目。但随着竞赛愈加激烈和运动水平的逐渐接近，中长跑对速度的要求也越来越高，平均速度快、冲刺能力强，才可能在比赛中获胜。

（一）中长跑技术

中长跑的技术基本上是相同的，但由于各项目之间的距离不同，在技术动作的速度和幅度及用力程度上有所不同。对各项目的一般要求是：身体重心位移平稳，动作实效、轻松、自然，并保持良好的节奏。高步频、积极有效的伸髋和快速有力的摆动动作，是现代中长跑技术的主要特征。

中长跑各个项目的完整技术均分为起跑、起跑后的加速跑、途中跑和终点跑等主要技术环节。

1.起跑和起跑后的加速跑

中长跑采用站立式起跑。当听到“各就位”口令后，从集合线轻松地走到起跑线后，两腿前后站立，有力之腿在前，紧靠起跑线后沿。前脚跟与后脚尖距离约一脚长，左右间隔约半脚，后腿用前脚掌支撑站立。臂的动作有两种：一种是两臂一前一后；另一种是两臂在体前自然下垂。两腿弯曲和上体前倾程度，依战术而定，即起跑速度越快，两腿弯曲和上体前倾程度越大。颈部放松，眼向前看 5～10 米处，整个身体保持稳定姿势，注意听枪声。

听到枪声后，两腿用力蹬地，后腿蹬地后迅速前摆，两臂配合两腿的蹬摆做快而有力的前后摆动，使身体快速向前冲出。

加速跑时，两腿应迅速有力地蹬伸和积极地摆臂，在短时间内达到预定速度。加速跑的距离依项目、个人能力及战术而定。一般中跑加速跑的距离稍长，无论在直道或弯道上起跑，都应该按切线方向跑进，在规则允许的范围内，抢占有利的战术位置，然后进入途中跑。

2.途中跑

途中跑是决定中长跑运动成绩的主要环节，途中跑应强调轻松、省力、节奏好。

（1）后蹬与前摆

在一个跑的周期中，当身体重心移过支点上方时，开始后蹬与前摆动作。在摆动腿膝关节迅速有力地向前方摆出，带动同侧骨盆前送的同时，后蹬腿的 3 个主要关节迅速蹬伸。用力顺序是伸髋—伸膝—伸踝。蹬地时，不仅腿部大肌群参加工作，而且脚掌小肌群也积极参加工作，最后经脚趾蹬离地面。后蹬结束时，后蹬腿膝关节不是完全伸直的，一般为 160°～170°，蹬伸结束后应快速向前摆腿。

摆动腿大腿带动小腿积极向前方摆动，加大支撑腿的支撑反作用力，加快蹬伸速度，使髋部更好地前送，带动身体重心向前移动，同时也为摆动腿积极着地创造条件。大腿前摆时，小腿要放松而自然下垂。后蹬动作结束时，摆动腿小腿处在与后蹬腿近似平行状态。

(2)腾空

后蹬腿蹬离地面后，身体进入腾空阶段。腾空时，放松蹬地腿的肌肉，并迅速有力地将大腿向前上方摆出。此时小腿随惯性自然摆起，膝关节弯曲，形成大小腿折叠的姿势。脚在空中移动的轨迹高度在膝关节附近。小腿顺惯性折叠，以髋带动大腿积极、迅速地向前摆动。优秀运动员的技术特征不是过高地向后甩小腿，而是在脚上抬的同时膝向前摆。这就缩短了摆动半径，加快了摆动角速度。

(3)着地与缓冲

脚着地前，摆动腿大腿积极下压，小腿顺势前摆并做脚掌扒地动作。着地腿的膝关节是弯曲的，这对完成缓冲动作有积极作用。脚着地时用前脚掌或前脚掌外侧先着地，然后过渡到全脚掌着地。优秀运动员脚着地点与身体重心投影点间距离为20～30厘米。着地时脚尖应正对跑进方向，不应偏离。脚着地后小腿后部肌群和大腿前部肌群应积极而协调地退让，以减缓着地瞬间的阻力。同时，预先拉长伸肌，为后蹬创造条件。与伸肌退让的同时，应迅速屈踝、屈膝和屈髋完成缓冲动作。其中，屈膝在缓冲过程中起主导作用。这时，骨盆向摆动腿一侧倾斜，摆动腿的膝关节低于支撑腿的膝关节。

(4)上体姿势与摆臂动作

上体正直或稍前倾，头颈部肌肉自然放松，两眼平视，两手半握拳，两臂弯曲，两肩放松，以肩为轴前后自然摆动。摆幅随跑速变化而适当变化。肘关节的角度在垂直部位可大些，以利两臂肌肉的放松。

途中跑有一半以上的距离是在弯道上进行的。弯道跑技术基本上与短跑的弯道跑技术相同，只是跑速相对较慢，动作速度、幅度和用力程度较小。

中长跑除了因战术需要而改变跑的节奏外，一般多采用匀速跑。匀速跑可为肌肉和内脏器官的活动创造有利的条件，并能推迟疲劳的出现。但长时间用一种节奏跑会使运动员感到单调，也不适合现代中长跑激烈竞争的需要，因此应掌握多种节奏跑的方法。

3.终点跑

终点跑是临近终点的一段冲刺跑。终点跑的距离要根据项目、训练水平、个人特点、战术需要及比赛具体情况而定。一般情况下，800米可在最后300～200米、1500米在最后400～300米、3000米以上可在最后400米或稍长的距离开始终点冲刺跑。速度好的运动员，往往在跟随跑的前提下，在最后一个直道时突然加速；耐力好的运动员，多采用更长距离的冲刺跑。不论终点跑距离长短，在冲刺跑之前，都必须抢占有利位置，并注意观察对手情况，动员全部力量冲过终点。

4.中长跑的呼吸

中长跑时，为了改善气体交换与血液循环的条件，应注意呼吸的节奏。呼吸的节奏取决于个人特点和跑的速度。一般是跑两或三步一呼气，跑两或三步一吸气。随着跑速的提高，呼吸频率也相应加快。在终点冲刺跑时，有些运动员采用一步一呼、一步一吸的方法，呼吸应自然和有一定的深度。随着疲劳的出现，应着重加深呼气，只有充分呼出二氧化碳，才能充分吸进新鲜氧气。在强度大、竞争激烈的情况下，为了提高呼吸效率仅用鼻呼吸是不够的，应采用半张口与鼻同时呼吸，来最大限度地满足机体对氧气的需要。

中长跑时，由于内脏器官的功能，氧气的供应暂时落后于肌肉活动的需要，跑一段距离后会不同程度地出现胸部发闷、呼吸困难、动作无力现象，迫使跑速降低，甚至有难以坚持跑下去的感觉。这种生理现象叫极点。它与准备活动、训练水平和运动强度等有关。跑的强度大，极点出现得早；跑的强度小，极点出现得迟，而且感觉轻，适应的时间也短。极点现象也与训练水平有关。训练水平高，内脏器官的适应能力就强，极点出现得就较缓和、短暂。极点是可以克服的，在练习过程中，应遵循循序渐进的原则，充分做好准备活动，掌握好途中跑的速度变化。当极点出现时，可适当降低跑速，注意加深呼吸，特别是加深呼气，同时要以顽强的意志坚持下去。极点的克服，不仅是提高训练水平的过程，也是锻炼意志、培养克服困难精神的过程。

（二）中长跑教学特点与注意事项

1. 教学特点

由于学习中长跑技术比较枯燥和艰苦，在教学中应注意培养学生吃苦耐劳、克服困难的精神。此外，还应运用多种教学方法，提高兴趣，调动学生学习的积极性。中长跑的技术教学以途中跑为主。一般采用完整教学法，教学顺序一般为：学习直道和弯道途中跑技术—学习起跑和起跑后加速跑技术—根据学生的个体特点在完整练习中改进和提高中长跑技术。

2. 注意事项

第一，在途中跑技术教学时，教师应注意学生对中长跑技术主要环节的掌握。初学时，让学生按统一要求去做，随着学生对技术的理解和掌握程度的提高，应逐渐对不同水平的学生提出相应的要求。为使学生侧重体会途中跑技术，纠正错误动作时可采用专门练习，如小步跑、高抬腿跑、后蹬跑、上下坡加速跑以及原地摆臂模仿练习等。

第二，进行起跑技术教学时，要求学生听信号快速启动。注意姿势的稳定性。开始学习站立式起跑时，必须注意在身体前倾即将失去平衡的瞬间迅速跑出。在起跑和加速跑后，不应突然降低跑速，而应随惯性继续跑一段距离。弯道跑时，应尽量靠近跑道的内侧分道线跑，两眼注视跑进方向。因为正确的视线方向保证着头部和躯干的姿势，同时影响着着地和摆臂动作。此外，还应注意抢占有利位置，防止因绊、撞等造成的伤害事故。

第三，改进、提高中长跑技术时，教师首先要鼓励学生克服困难，全力以赴进行练习。还应从学生的实际出发，区别对待，掌握好运动量。鼓励学生在极点出现时，应积极调整跑速和呼吸，以顽强的意志来战胜它。

第四，全程跑教学时，除了要求技术动作必须正确外，还要特别强调跑得放松、平稳和注意跑的节奏，也可采用分段报时的方法来培养学生的速度感。同时，注意对学生战术意识的培养，包括全程体力分配、起跑后的加速跑及途中跑的领先跑、跟随跑、超越对手和终点冲刺的时机等。

七、障碍跑

障碍跑是中长距离跑与跨越障碍相结合的田径运动项目。它不仅要求运动员具备中长跑运动员的身体素质和平跑能力，而且还要求运动员掌握正确的跨越障碍和过水池的技术。

国际田联审定的田径规则中，有距离为3000米和2000米的两种障碍跑，3000米障碍跑须越过28次障碍架和7次水池，2000米障碍跑须越过18次障碍架和5次水池。

障碍跑属高强度的运动项目，要求运动员具有较高的有氧代谢基础和很强的无氧代谢能力。障碍跑对运动员的意志品质和专项能力要求也很高。

（一）障碍跑技术

1.跨越障碍架的技术

障碍跑的起跑、起跑后加速跑和障碍架间途中跑的技术与中长距离跑的技术基本相同。途中过障碍架主要有跨栏法和踏上跳下法两种。

障碍架的高度为91.4厘米。用跨栏法越过障碍架的技术与400米栏技术无太大的差异，但因障碍架稳固在跑道上，碰、撞后不能向前倒，障碍架横木顶面又有12.7厘米的宽度，所以运动员心理上的紧张感会对采用跨栏法过障碍架产生一些影响。

障碍跑的障碍间距离较长，跑速不应很快，从起跑到第一障碍架和障碍架间很难用固定的节奏和步数去跑，因此运动员的目测能力和跑的节奏适应能力要强，能够在途中经目测调节步长，较准确地踏上起跨点，完成跨越障碍架的任务。如果左右腿都能够很好地完成起跨和过障碍动作，对保持跑的正确节奏和快速跨越障碍十分有利。

障碍跑属中长跑，速度不快，因此起跨点近，一般为1.30～1.60米。过障碍架之前应适当加速，并考虑障碍架结构的实际，调整好起跨腿侧屈提拉过障碍和摆动腿下压的时机，以便顺利跨过障碍架。

踏上跳下法是常用的过障碍方法，但效果较差。用这种方法越过障碍架，由于用摆动腿的脚踏在障碍架的横木上的支撑过渡，所以身体重心高，对身体前移的速度产生了一定的阻力，影响过障碍的速度。

采用踏上跳下法越过障碍架前，应目测起跨点，调整步长，加快节奏。当起跨腿的脚踏上起跨点时，摆动腿迅速屈膝向前上摆，两臂向上摆，帮助身体重心上升，当起跨腿蹬离地面后，借助蹬地的反作用力顺势屈膝上提向摆动腿靠拢，形成团身姿势，随着身体重心借惯性前移，摆动腿的脚由上而下以前脚掌轻轻踏上横木并积极迅速地屈膝缓冲，此时上体加大前倾，起跨腿顺势过栏跳下向前跑进。支撑在障碍架上的腿，在离开障碍架时不应用力蹬障碍架，只起过渡作用，这样就可保证过障碍时缩短起跨和着地间身体重心抛物线的距离，既缩短了过栏时间又减少了能量消耗。

在实际比赛中，还有交替运用上述两种方法的，在体力充沛的前半程采用跨栏法，后半程体力下降时改用踏上跳下法。另外还有在步点、节奏顺利情况下用跨栏法，由于步点不准，竞争激烈，多名运动员同时或连续过障碍，而临时改用踏上跳下法的。

2.过水池技术

过水池时，先踏上水池后沿的障碍架横木，再从障碍架上跳过水池。为减少脚在障碍架横木上的时间，加快移过支点的速度，应在距水池 15 米左右时目测起跨点，调整步长，加快跑速，以便准确地踏上起跨点，顺利地踏上池边障碍架。

当起跨腿踏上起跨点时，摆动腿的大小腿自然折叠，向前上摆动，同时双臂配合向上摆臂提肩，提高身体重心。当起跨腿的脚离地后，即迅速屈膝向摆动腿靠拢。随着身体重心向上前移，在身体重心处于最高点时，加大身体前倾，摆动腿的脚用脚掌心柔和地踏上障碍架横木上，并迅速屈膝缓冲，力求减小踏障碍架时产生的阻力。随着身体重心的前移，脚向前滚动，以钉子鞋前两排钉子扒住横木的前沿。当躯干移过障碍架时，支撑腿用力后蹬，这时起跨腿已成为摆动腿，以膝用力向前、向下摆出，形成一个跨步姿势，在前摆腿的脚落地前，蹬离横木的腿积极向前。当前摆腿的脚落在水池前沿时，蹬离横木的腿应摆过落地腿，以便继续向前跑进。整个过程为：起跨—踏上横木—越水池落地，身体重心应该形成一个比较低的抛物线，这样滞空较短，有利于快速越过水池，减轻由高处向下着地的冲击力。

（二）障碍跑教学特点与注意事项

1.教学特点

障碍跑是中长跑与跨越障碍相结合的项目，一般属介绍项目，教学时数少。由于障碍跑的项目特点，通常是在中长跑和跨栏跑教学之后进行教学。

在障碍跑的教学过程中，应使学生了解障碍跑的技术特点和有关场地情况，主要学习踏上跳下跨越障碍技术。

水池是障碍跑中不可少的障碍，在踏上跳下法教学之后要进行过水池的教学，并通过反复练习提高学生过水池后继续向前跑进的能力。

由于学时少，主要是让学生认识、体会过障碍和过水池的技术及教学方法，以便在以后的实践中运用。

2.注意事项

第一，注意安全，加强保护措施，教师要站在跳箱或障碍架后进行保护。练习过水池时，模拟水池的垫子和沙坑一定要松软、平整。

第二，鼓励学生克服心理障碍。辅助练习采用跳箱时，由低逐渐加高再过渡到标准高度。

第三,使学生学会目测起跨点,学会调整步长及跑的节奏。

第四,引导学生努力学会和掌握两条腿都可以起跨,并跨越障碍架的能力。

第五,根据学生身体素质、跨栏技术和心理素质的差异,注意运用区别对待的原则。

八、公路跑和越野跑

(一)公路跑与越野跑简介

1.公路跑

公路跑的比赛项目有男女 15 公里、20 公里、半程马拉松、25 公里、30 公里、马拉松(2.195 公里)、100 公里和公路接力赛跑。全程比赛路线应在公路上进行。如因交通繁忙或其他原因不宜比赛,路线可设在路旁的自行车道或人行道上,加设适当的标志,但不得通过路旁草地等柔软地段。起点和终点可设在田径场内。围绕田径场跑道的跑程不得超过一圈,这有利于运动员出发和终点冲刺,有利于终点裁判判定名次。路线应尽量减少方向的改变,最好是只经一个转折的来回路线或是单循环路线,以便运动员朝着明确的方向跑进。比赛前必须用经过检验合格的仪器测量全程路线。测量时,应沿着运动员所能跑过的最短路线进行丈量。路程不得短于该项规定的距离,丈量的误差也不得超过该项距离的 0.1%,即马拉松距离误差不得超过比赛规定距离 42 米。根据国际田联规定,重大国际田径比赛和经国际田联直接批准的运动会,路线长度的丈量在赛前应经过一名国际田联批准的路线丈量员鉴定合格,路线复核准确后公布路线图。公路赛跑只设最好成绩。

公路跑的特点是比赛路程远,运动持续时间长,运动量大,体力和能量消耗多。它是以有氧代谢为主、竞争性强、富有挑战性的耐力性运动项目。对发展人的耐久力,培养吃苦耐劳精神和顽强的意志品质具有重要的作用。

2.越野跑

越野跑是一种在野外自然条件下,选择一定路线进行比赛的项目。国内外经常举行各种越野跑的比赛,比赛距离不等,可根据性别、年龄及其他特点确定。一般男子成年组赛程为 15 公里和 10 公里,女子成年组赛程为 10 公里和 5 公里。国际田联中设有越野赛跑委员会,每年举行一次世界越野跑锦标赛,成年男子组赛程为 12 公里,成年女子组为 8 公里,录取办法分个人和团体两种。

越野跑一般多在旷野、田野和草地上进行,应尽量避免横穿公路和交通要道,也不宜通过很大的障碍物,如深坑、过陡的上下坡及茂密的矮树林等,更不宜设置人工障碍物。最好沿环形路线进行,但起点和终点应设在同一地点或设在田径场内。如设在田径场内,出发及返回时,围绕田径跑道均不应超过一圈。赛前应公布路线图及比赛距离。比赛途中,用有色旗帜指示方向,红色示向左跑、白色示向右跑,并画上箭头和标明距离。所有标志,均须使运动员在125米外即能辨明。

越野跑不仅能发展耐久力等素质，而且能利用阳光、新鲜空气、自然风光陶冶人的身心，锻炼人的意志。许多运动员都以越野跑作为积极性休息、身体训练和发展一般耐力的训练方法。20世纪中期越野跑已在世界各国盛行，并成为人们健身运动和发展中长跑运动的重要练习手段之一。

公路跑和越野跑运动水平依赖于运动员的有氧耐力水平，运动中主要靠糖原、脂肪有氧分解供能。这种耐力水平的高低可以从最大摄氧量反映出来。凡是能有效及快速提高运动员以上功能的训练方法都能提高运动员的运动水平。在训练中经常采用的训练方法有持续性练习法(匀速跑训练和变速跑训练)与间歇性练习法(间歇训练和重复训练)两种。公路跑和越野跑的运动成绩与运动员的身体训练水平、技术训练及战术安排(全程跑中的合理分配速度)有直接关系。良好的身体训练水平是掌握技术的前提，掌握了正确技术才能有效地提高身体训练水平。在比赛中的战术安排是影响比赛成绩十分重要的因素。一般来说，运动员应以平均速度跑完全程，这是减少能量消耗最好的跑法，也是提高公路跑与越野跑成绩的重要手段与方法。

(二)公路跑与越野跑技术

公路跑与越野跑技术与中长跑技术基本相同。但由于公路跑和越野跑要在保持相当高的平均速度下跑很长时间，所以对技术的主要要求是经济性。为了达到经济性，运动员应减少身体重心的上下波动。在公路跑与越野跑训练过程中，运动员须进一步完善跑的技术，提高跑的经济性和实效性，使支撑运动的器官适应硬质路面(公路)，掌握各种地形(上坡、下坡、转弯及各种复杂地形)跑的合理技术，稳定呼吸节奏。

1. 出发

运动员出发时采用站立式起跑。口令是“各就位”——“跑”或鸣枪。听到“跑”或枪声后，运动员积极做一段距离的加速跑。这段加速跑的距离要根据跑速、个人战术和特点而定。起跑后应注意避免碰撞和踏伤，选择跑的路线要便于发挥个人跑速与确立自己的战术位置，然后进入匀速而有节奏的途中跑。

2. 公路跑技术

公路跑的技术动作应轻松、自然，适当缩短步长、加快步频，减少能量消耗。跑的过程要求协调放松、节奏良好、身体重心移动平稳、直线性好、跑速均匀，符合个人的特点。呼吸的节奏和跑速相适应，呼吸有适宜的深度。

步长和步频主要根据自己的训练水平和身体形态等个人特点确定，并结合途中的不同地形进行调整，保证以较均匀的速度跑完全程。运动员跑时的着地缓冲动作可以减小地面对人体的冲击，使水平速度的损失减至最低限度，并为有效的后蹬和前摆创造条件。着地时，脚的着地点应靠近身体重心投影点，并用前脚掌或前脚掌外侧由上向下着地，然后过渡到全脚掌。

通常在着地瞬间，小腿处于垂直姿势（小腿纵轴与水平面成90°角），即脚掌在靠近身体重心投影点处着地，因而可以最大限度地减小因着地动作而产生的阻力。

当身体重心移过支撑点时，开始进行后蹬和前摆，后蹬的力量较小，不强调膝关节充分伸直，但必须注意髋关节较充分地伸展（大腿后伸）和积极地伸展踝关节结束后蹬。后蹬要注意减小后蹬角。脚掌离地后屈膝向前摆腿，大腿向前上方的摆动较低，向前摆的动作大于向上的动作。

跑时上体保持正直或微前倾，头部与躯干保持正直，两臂摆动自然、幅度不大。加速跑、终点冲刺和上坡跑时，两臂配合腿部动作做积极的摆动。上坡跑时，应加大身体的前倾，缩短步长，适当加快步频，用前脚掌着地，两臂积极摆动，比在平地上跑更富有弹性。下坡时，上体要稍后仰，适当加大步长，减慢步频，用全脚掌或足跟外侧先着地，要控制跑速。此外，还应掌握逆时针跑、拐弯跑和折返跑的技术。要注意培养运动员在跑进中服用饮料的技能，避免在比赛中因服用饮料、转弯、折返而影响跑的节奏和呼吸节奏。

3.越野跑的技术

越野跑技术动作与中长跑的动作基本相同，但由于跑的时间长，途中地形复杂，体力消耗大，跑进中动作应放松协调，保持良好的呼吸节奏，掌握合理的跑速，注意安全。跑时应根据不同的地形，调整和采用不同的跑的技术。

(1)平地跑

腿的后蹬和前摆动作与长跑动作基本相同。一般可用全脚掌着地，并迅速过渡到前脚掌蹬地。跑硬地时，可用脚掌外侧或足跟先着地，并迅速过渡到前脚掌蹬地。上体应保持正直或稍前倾，腹部微收，头、颈部自然放松，两眼平视前方，两臂前后自然摆动，摆幅略小。

(2)草地跑

动作与平地跑的动作基本相同。用全脚掌着地，眼看前下方，以免两脚缠绊乱草、陷入坑洼内或碰着石头和树根等物体。

(3)松软土壤、沙地跑

身体重心稍高，上体要稍直，腿高抬，用全脚掌着地。落地要轻，后蹬角度大，蹬地时腿不完全伸直。步子要小，频率要快，两臂摆幅较大。

(4)上、下坡跑

上坡时，上体稍前倾，大腿高抬，用前脚掌着地，步幅稍小，步频加快。遇到较陡的斜坡时，可用走或“之”字形跑。下坡时，上体要稍后仰，以全脚掌或足跟先着地。在坡地的末端（8～10米），用快速跑跑向平地。跑时腿不要高抬，步幅稍小，以轻快的步伐跑过。下陡坡时，也可采用“之”字形跑法或者步行。

(5)平滑和冰冻地面跑

身体重心要低，以全脚掌着地，腿不要高抬，步幅稍小，脚落地点更靠近身体重心投影点，以轻快的步伐跑过。

(6)田径跑与过独木桥

以“外八字”脚全脚掌着地的跑法平稳地跑过，步子稍小，身体重心稍降低，两臂张开保持身体平衡。如果独木桥较长，应平稳地走过。两人以上都在较长的独木桥上时，应注意互相干扰的动作，若不是比赛的需要，最好一个人独自通过。

(7)树林中和乱石山地跑

可一手拨挡树枝，一手保护脸部，防止树枝擦破、戳伤头部和眼睛，并注意地上裸露的树根和枯枝绊脚，但跑速不要明显降低。在成纵队跑时，两人应保持一小段的距离(6～8 米)。通过乱石、浮石地段，脚应落在空地或凸出部位，必要时应试探踩踏石头，以防止石块松动扭伤脚或摔倒。

(8)越小水沟和低障碍物跑

要保持或加快跑速，用大步跨跳而过。落地时，上体稍前倾，以保持速度继续跑进。遇到横躺着的大树干或较高的上坡时，用踏上跳下法蹲跳、跨越或一手支撑腾越的方法越过，要注意落地点的周围环境是否安全。

4. 终点跑

是指临近终点的最后一段距离的冲刺跑。这时身体比较疲劳，应以顽强的意志全力以赴，加快摆臂和加强后蹬力量，以最快的速度跑向终点。终点跑的距离应根据个人的训练水平和全程体力保持的情况和战术要求来决定。

(三)公路跑与越野跑的注意事项

公路跑与越野跑既是独立的比赛项目，又是各项运动进行训练时常用的训练手段，比赛和训练中应注意以下事项。

第一，熟练掌握和运用各种地形(上坡、下坡、转弯、折返)跑的技术。环境对公路跑和越野跑运动成绩影响较大，气温、风向、风力对运动成绩也有影响。运动员平时应在不同气温、风向和地形上进行训练，以适应比赛的需要。比赛前应熟悉比赛的路线，并进行专门的适应性训练。训练和比赛中要预防意外和伤害事故的发生。

第二，比赛前应准备和检查服装。背心和短裤要柔软、轻便，不要穿新的背心和短裤，避免由于长时间地摩擦而损伤皮肤。必要时可涂些凡士林或润滑油在大腿根部和腋下，鞋袜要合适，袜子要穿洗过的，并防止途中脱落。

第三，赛前保持日常饮食习惯。越野跑和公路跑比赛时，往往会出现不同程度的腹痛现象，这大多与赛前饮食有关。为了避免这一现象的发生，运动员应保持日常饮食习惯，在赛前不要突然改变这种习惯，一般在赛前 2～3 小时进餐，应吃易消化、富有营养的食物，少吃易产生气体及多脂肪的食物。为了适应比赛，在训练中还应逐渐养成跑步中补充饮料的习惯(可根据气温和出汗多少进行补充)。有些运动员习惯在比赛前自备饮料交大会饮料组放置在各饮料站，以备比赛时饮用。

第四，掌握合理的呼吸方法，建立稳定的呼吸节奏。公路跑和越野跑应注意跑的动作与呼吸的配合，加大呼吸的深度。呼吸时一般用口和鼻同时进行，呼吸节奏应当和跑的节奏相结合。一般采用三步一呼、三步一吸或两步一呼、两步一吸的方法。随着疲劳的增加，应特别注意调整呼吸节奏和跑进速度。

第五，合理制订和安排全程体力分配计划。应根据个人的能力和全程跑中各路段地形的难易情况，计划好全程的时间和各段距离的时间比例，合理地调整速度。一般除了战术的需要改变跑的节奏外，均应以较均匀的速度跑完全程，这样，可以为内脏器官的工作创造有利的条件，能推迟疲劳的出现。

第六，注意补充营养和减少能量消耗。公路跑和越野跑比赛距离长，能量消耗大，运动员要注意补充营养和减少能量消耗，平时进行长时间大运动量的训练后，要注意休息，供给足够和合理的营养，采用各种恢复手段，并加强医务监督。

第二节　跳跃项目课程的教学指导

一、跳跃技术原理

（一）跳跃高度和远度的构成

1. 跳跃高度的构成

跳跃的高度项目是以越过横杆的垂直高度计量运动成绩的。在撑竿跳高项目中，运动员是借助于撑竿来完成跳跃的。人体的摆动和撑竿的转动组成一个复合的钟摆运动，使撑竿竖起至垂直部位，同时运动员以上手握竿点为支撑成倒立姿势。

2. 跳跃远度的构成

跳跃的远度项目是以人体腾越的最大水平距离计量运动成绩的。由于人体的重心与落地点不在一个水平面上，因此在准确踏板的前提下，运动成绩可以视作由身体重心腾越的各段距离之和所构成。

在三级跳远项目中，三跳远度的总和构成三级跳远的总成绩，其中身体重心在三跳中腾越的距离是组成运动成绩的主要部分。因此，与跳远项目相似，增大三跳的腾越距离是三级跳远取得优异运动成绩的关键。

（二）跳跃运动的力学原理

跳跃运动是运用人体自身的能力（或借助一定的器材），通过项目特定的运动形式，越过尽可能高的横杆或尽可能远的距离的运动。

通过相关内容的学习，即通过学习运用人体解剖学、力学等基本理论，揭示人体跳跃运动的基本规律，回答怎么样才能跳得高和跳得远的问题。

人体的跳跃是由于起跳腿有关的肌肉发生形变（缩短），而产生肌肉收缩力（内力）。该力通过骨杠杆作用于地面，地面给人体一个与作用力大小相等、方向相反、同时作用在一条直线上的支撑反作用力（外力），在内力和外力的共同作用下产生的人体腾起运动，包括腾起初速度和腾起角。

腾起初速度是指运动员结束起跳时，身体总重心所具有的速度。腾起初速度是一个矢量，它具有一定的大小和方向。在跳跃中，腾起的高度和远度均与腾起初速度的平方值成正比关系，因此腾起初速度对腾起的高度和远度具有很大的影响。

腾起角是指运动员结束起跳时，身体总重心腾起初速度的方向与水平线所构成的角度。在跳跃中，腾起角的增值是有限度的。从理论上讲，当腾起角分别为 90°（高度）和 45°（远度）时，能取得最大的正弦值，但实际上对获得最优异的运动成绩并非是最有利的。在跳高中除了争取获得尽可能高的高度外，同时还需要一定的水平位移的距离，以保证身体依次越过横杆，因此腾起角一般要小于 90°（背越式为 50°～55°）。在跳远中，如果要使腾起角达到 45°，那么在起跳结束时身体重心的水平速度和垂直速度应相等。由于增大垂直速度相对难度要大，所以就必须减小水平速度，这样反而会使腾越的距离受到影响。为此，目前世界优秀跳远运动员的腾起角大致为 18°～24°。可见，腾起角并不是越大越好，不同的跳跃项目应有适宜于本项目特点的腾起角。为此，在背越式跳高中，通过弧线助跑和起跳产生的旋转动力，先使身体围绕纵轴旋转而转向背对横杆，然后身体围绕额状轴旋转，顺势做仰头倒肩和收腿挺髋动作，在杆上形成背弓姿势。当身体重心移过横杆以后，及时地含胸收肩和收腹向上甩腿，这一相向动作有助于减缓上体下旋速度，促使整个身体迅速地摆脱横杆。

在撑竿跳高中，运动员是腹对横杆，且由下肢先越过横杆，因此当下肢越过横杆以后及时地下压，与上体产生相向运动，促使身体在杆上形成拱形姿势。在身体重心越过横杆以后，上体和上肢迅速后摆，同时两腿向后上方摆动，形成相向运动，使整个身体摆脱横杆。

在跳跃的远度项目中，空中动作主要是为了保持身体平衡和为落地或下一次起跳和落地做好准备。

跳远和三级跳远在起跳时会产生不必要的向前旋转运动，为此要利用上、下肢各自动作的转动惯量的差距，以维持空中的平衡。例如走步式跳远，向后摆的腿是伸直的，向前摆的腿是弯曲的，两腿动作的转动惯量产生了差距，加快了下肢前移的速度。另外，向前绕环的臂是伸直的，向后绕环的臂是弯曲的，两臂动作的转动惯量也产生了差距，因而减慢了上体前移的速度。这样上、下肢动作，抑制了向前的旋转运动，从而使人体在空中保持相对平衡，延长腾空时间。

二、跳高

（一）跳高技术发展概述

1. 跳高技术

传统的跳高方法不断地被新的跳高方法所取代，这是跳高技术发展前期的一个重要特征。俯卧式与它之前的各种跳法相比，跳高运动成绩的提高，主要是通过改变过杆方式，提高高度的利用率来实现的。

20 世纪 60 年代以后，跳高技术的发展方向发生了根本性的转变。表现在主导思想上，重视了对人体极限运动能力的开发，训练中形成了较为完整的力量训练体系。在技术上，则有意识地加快了助跑的速度和采用直腿摆动的起跳技术，从而使起跳的功率得以加大，起跳以后人体腾起的高度有了提高。

2. 中国跳高项目的发展

我国跳高运动开展于 20 世纪初，但在中华人民共和国成立前发展得十分缓慢。中华人民共和国成立后，跳高运动获得了迅速发展。

中华人民共和国成立前男女跳高纪录分别为 1.875 米和 1.40 米，至 1954 年全部被刷新。1957 年我国优秀女运动员郑凤荣脱颖而出，以 1.77 米的成绩打破了当时的世界纪录。她的这一跳，震动了世界田坛。

1958 年以后，由于我国在发展俯卧式跳高技术上取得了成功，跳高运动水平有较大幅度的提高。1960 年史鸿范和康驹培先后跳过 2.08 米和 2.09 米，位列当年世界的第 14 名和第 11 名。1970 年倪志钦以 2.29 米的成绩，打破了布鲁梅尔保持的世界纪录。与此同时，女子最好成绩也达到了 1.81 米。

20 世纪 70 年代，这时世界跳高已进入了背越式跳高技术的发展阶段，我国也涌现出一批优秀的背越式跳高运动员，其中最杰出的代表是朱建华。他 18 岁那年飞身越过 2.30 米，打破了保持 11 年之久的亚洲纪录。在 1983 年和 1984 年，又分别以 2.37 米、2.38 米和 2.39 米的成绩 3 次打破世界纪录，一度使我国的跳高项目达到了世界的顶峰。1989 年优秀女运动员金玲也以 1.97 米的成绩刷新了全国和亚洲纪录。

（二）背越式跳高技术

背越式是 20 世纪 60 年代后期产生和发展起来的一种新的跳高技术。它能够更充分地发挥运动员的速度和爆发性用力的潜在能力，因此取代了其他传统的跳高方法，成为现代最先进的跳高技术。背越式跳高具有快速的技术特征，且能与力量完美地结合起来，使技术动作表现出很高的效率。背越式跳高的完整技术是由助跑、起跳、过杆和落地四个部分组成的。

1. 助跑

快速助跑是背越式跳高技术的特点之一。为了利用助跑的速度提高起跳的效果，背越式跳高的助跑距离较长，且采用更接近于普通跑的跑法。

运动员的助跑大多采用 8～12 步，全程呈抛物线曲线，或者是一条直线接抛物线曲线。这种助跑路线的优点是便于加速和使速度损失减小到最低程度。最后 3～5 步在曲率逐渐加大的曲线上跑进，使身体的内倾逐步地加大，至最后第 2 步摆动腿支撑垂直部位时达到最大内倾。研究表明，运动员由内倾姿势进入起跳，有利于提高垂直向上的起跳效果和使身体自然地转向背对横杆。此外，由于内倾状态下身体重心自然地下降，膝关节的弯曲程度相对较小，这有利于在同等工作距离的条件下缩短起跳的时间。可见，背越式跳高采用弧线助跑，是形成背向越杆的需要，也是产生高效率起跳的前提和保证。助跑的最后一步，约与横杆成30°角。

背越式跳高的助跑技术近似于短跑的途中跑，但要求身体重心高而平稳，上体略有前倾，后蹬充分有力，前摆抬腿积极自然，动作连贯，两臂配合大幅度地摆动。在弧线上跑进时，身体逐步地向内倾斜，加大外侧臂和腿的摆动幅度，头、躯干和腿的支撑点应在力的作用线上。助跑的整个过程，加速节奏明显，尤其是最后几步应积极跑进，加大每一步支撑阶段身体重心前移的幅度和速度。

为了使助跑快速、连贯地过渡到起跳，要求最后第2步保持继续跑进的姿势，动作结构无明显的变化。摆动腿着地以后，身体重心迅速地移至支撑垂直部位，并依靠摆动腿的牢固支撑，保持身体的内倾姿势。此后摆动腿有力地蹬伸，直至脚扒地蹬离地面，推动髋部和躯干大幅度地快速前移。这瞬间膝关节成150°～160°角，蹬伸幅度为50°～60°。摆动腿的这一主动动作，对加快身体重心前移的速度和迅速踏上起跳点，有着十分重要的意义。

2. 起跳

背越式跳高的起跳在起跳脚踏向起跳点时，要求保持身体的内倾姿势向前送髋和前移躯干，并使起跳腿一侧的髋超越摆动腿同侧，同时控制肩轴几乎与横杆垂直，形成肩轴与髋轴的扭紧状态。然后，起跳腿以大腿带动小腿积极下压着地。着地时起跳脚外侧跟部接触地面，接着通过脚的外侧滚动至全脚掌，脚尖朝向弧线的切线方向。随着身体由内倾转为垂直，迅速地完成缓冲和蹬伸动作。蹬伸动作依次由髋、膝、踝顺序用力，躯干和三个关节充分伸展，运动员顺势向上跳起。

为了加快起跳的速度，在起跳过程中，腿臂的协调配合起着积极的作用。目前大多数运动员采用屈腿或折叠式的摆腿方法，即在助跑最后一步摆动腿蹬离地面以后，以髋发力加速前摆大腿，同时小腿随着惯性自然地向上折叠。起跳腿着地瞬间，摆动腿已靠近起跳腿，膝关节的弯曲接近最大限度。然后大小腿的角度有所展开，摆动腿沿着助跑弧线的延长方向加速上摆，直至减速制动，这时大小腿成90°～120°角。整个摆腿过程随着膝关节角度的变化，摆动半径随之改变，使摆动的加速和减速节奏十分明显，从而对起跳产生积极的动作效应。

摆臂的方法有双臂摆动和单臂摆动两种。前者有助于加大摆动的力量，后者有助于缩短起跳时间。但无论采用何种摆动方法，都要求快速、充分，与摆动腿的摆动协调配合。

3. 过杆与落地

过杆是最终决定跳跃成败的重要环节。合理的过杆技术应利用人体旋转，以及根据人体与横杆相对位置的改变，控制旋转速度的变化，使身体的各个部位顺利地越过横杆。

当起跳腿蹬离地面结束起跳以后，身体应保持住较伸展的姿势向上腾起，同时在摆动腿和同侧臂的带动下，围绕身体纵轴旋转，使身体转向背对横杆。这时采取较伸展的姿势，可以减慢围绕身体矢状轴和额状轴的旋转速度，防止上体过早地倾向横杆，有助于以摆动腿同侧臂和肩为先导越过横杆。

当头和肩越过横杆以后，及时地仰头、倒肩和展体，并利用身体重心向上的速度，收腿挺髋，形成身体的背弓姿势。这时两腿屈膝稍后收，两臂置于体侧，这样可以缩短半径，加快围绕身体额状轴的旋转。当身体重心移过横杆时，则应做相反的补偿，即含胸收腹，控制上体继续下旋，同时以髋部发力，带动大腿和小腿加速向后上方甩腿，使整个身体脱离横杆。

整个过杆动作是沿着身体重心的运动方向，顺势、依次和快速地完成的，在这个过程中，任何多余的动作，特别是过大地挺腹和收腹，引起髋部的位置急剧上升或下降，都会给过杆造成困难。此外，还应根据助跑的快慢和起跳以后相对于横杆位移的速度，确定适宜的背弓程度。通常背弓越大，完成过杆动作的时间越长。

落地技术比较简单，在向后上方甩腿之后，保持着屈髋伸膝的姿势下落，最后以上背部或背部落于海绵垫。落地后做好缓冲，防止受伤。

跨越式虽是一种较原始的跳高方法，但它技术简单，易于掌握，且对场地设备条件要求不高，因此宜在群众性体育活动和中小学体育教学中推广。此外，它还可以作为一种辅助性练习手段，在少年儿童启蒙训练阶段和运动员改进助跑起跳技术时采用。跨越式跳高从侧面沿直线助跑，摆动腿一侧靠近横杆，成30°～40°角。助跑6～8步，随着技术的掌握和训练水平的提高，助跑步数可以适当增加。

助跑可采用自然跑进的方法，节奏逐步加快，起跳前不要求明显地下降身体重心，最后一步依靠摆动腿积极有力的蹬摆，顺势地完成起跳动作。向上腾起时上体应保持正直姿势，两臂充分上摆。

当摆动腿摆过横杆时，做内旋下压动作，同时起跳腿稍向外旋，并迅速向上抬起。此时除两腿做一下一上的补偿之外，起跳腿同侧臂向下、向后摆动，带动上体适度前倾并稍向横杆方向侧倒和扭转，帮助起跳腿和同侧髋部摆脱横杆完成过杆动作。

过杆后身体侧对横杆，用摆动腿先落于沙坑。

（三）跳高教学

在跳高教学中宜采用技术动作较为完整的练习手段，以保证跳高技术的完整性。教学步骤则可以从学习和掌握起跳技术开始，然后按照技术动作的过程向前、向后延伸，直至完成完整技术的教学任务。

1. 背越式跳高教学步骤与方法

（1）建立正确的背越式跳高技术概念

通过教师的正确示范，配合技术录像或图片，讲述背越式跳高技术的特点和要求，使学生建立正确的背越式跳高技术概念。

(2)学习起跳技术

①教学方法

A. 原地起跳模仿练习。起跳腿在前，摆动腿在后，摆动腿积极蹬地，以髋带腿，大小腿折叠，屈腿向上摆动，同时两臂由后向前、向上摆起，最后成起跳的结束姿势。这一练习的目的在于使学生了解起跳动作过程。

B. 原地起跳练习。动作过程同前，但要求学生借助于腿臂摆动的力量，配合起跳腿的蹬伸，向上跳起，体会起跳过程的正确用力。

C. 上一步起跳练习。摆动腿在前，当起跳脚向前踏向起跳点时，摆动腿积极地蹬离地面，借助于身体前移的速度，完成起跳动作。

D. 连续上步起跳练习。在行进中做连续的上步起跳练习，连续的次数要从学生的实际情况出发，可多可少，但以不破坏技术动作为原则。

②注意事项

A. 在教学时，可分别讲解摆臂和摆腿，以及腿臂摆动配合起跳的动作要领。但练习时起跳动作却是完整的，有利于学生较快地掌握完整的起跳技术。

B. 上述练习均可在半径 5～8 米的圆弧上进行，使学生一开始就建立起身体内倾状态下起跳的技术概念，以帮助形成正确的起跳动作结构。

C. 对初学者，不宜过分强调起跳前降低身体重心，仅要求在自然用力的情况下完成起跳动作。但对完成起跳的动作速度，则应提出较高的要求，以便形成快速起跳的动作节奏。

(3)学习助跑与起跳相结合的技术

①教学方法

A. 在弧线上做 2～4 步助跑起跳练习。由沿直线的练习改为沿弧线进行练习，体会身体由内倾状态下转入起跳的动作过程和本体感觉。助跑步数增加至 2～4 步，加快起跳的速度。

B. 在半径为 5～8 米的圆圈上做连续的 2～4 步助跑起跳练习。逐步缩小弧线助跑的半径，加大练习的难度，使学生熟练地掌握内倾起跳技术。

C. 6～8 步助跑起跳上海绵坑练习。大致确定一条助跑曲线，让学生沿着画出的助跑路线做 6～8 步助跑起跳，跳起后以摆动腿或起跳腿踩上海绵台，海绵台高 40～60 厘米。

D. 6～8 步助跑起跳，用头、手或摆动腿的膝做触高练习。在学生初步掌握助跑与起跳相结合的技术以后，逐步要求增加起跳的高度，用吊球或其他物体做标志物，要求学生用头、手或摆动腿的膝触及标志物，从而提高练习的难度(强度)。

②注意事项

A. 在学生初步掌握起跳技术以后，向后延伸，增加助跑的步数和距离，加快助跑的速度。通过反复练习，使学生掌握在快速助跑条件下的起跳技术。

B. 倒数第二步摆动腿的支撑过渡和加速完成摆动腿的蹬摆动作，是这一教学阶段的重点。因此，在教学中应注意学生在完成这一技术动作时的质量，发现问题要及时纠正。

C. 在进行6～8步助跑起跳练习时，教师可根据学生的实际情况，大致确定一条助跑路线（抛物线或直线接抛物线曲线），并按实线、虚线和只设标志点，逐步地加大难度的方法进行练习，使学生掌握正确的全程助跑起跳技术。

(4)学习过杆技术

①教学方法

A. 原地倒肩挺髋练习。背对30～40厘米高的海绵垫站立，练习时向后倒体，以上背部支撑于海绵垫，同时屈膝挺髋，模仿过杆时的身体姿势。

B. 原地做起跳倒肩挺髋模仿练习。侧对海绵垫站立，起跳腿在前，摆动腿在后（摆动腿一侧靠近海绵垫）。练习时，摆动腿积极蹬地，以髋带腿，大小腿折叠屈腿上摆，与两臂上摆相配合使身体转向背对海绵垫。然后向后倒体和下放摆动腿，同时屈膝挺髋成过杆时的身体姿势。

C. 原地双脚起跳后，做倒肩、挺髋和甩腿练习。背对海绵垫站立，原地双脚起跳。练习时，跳起后按顺序做倒肩、挺髋和向后甩腿等一系列过杆模仿动作。练习时，也可在海绵垫前设置齐腰高的横杆，要求学生按上述的动作过程越过横杆。

D. 2～4步助跑过杆练习。

②注意事项

A. 原地倒肩挺髋练习及原地起跳后倒肩、挺髋和甩腿练习，是帮助学生体会杆上的身体姿势和过杆动作。但这些练习都是双脚支撑起跳的，与正常的起跳动作结构有所区别。

B. 学生在掌握正确的过杆技术前，可以采用加高起跳点位置的办法（如在助跳板或低跳箱上起跳），使学生在较大腾空高度的条件下，去完成一系列过杆动作。

(5)学习背越式跳高完整技术

①教学方法

A. 丈量全程助跑步点和全程助跑练习。

B. 全程助跑过杆练习。

C. 对完整技术进行技术评定和进行教学比赛。

②注意事项

A. 随着教学的深入，应指导学生确定适合于各自特点的助跑曲线和步点。在教学中可采用较为简单的步测法，先标出弧线段的标志，再向后延伸确定助跑的起跑点。为了保证弧线段是一条抛物线，纵向坐标的距离应大于横向坐标的距离，其比例一般为5∶3或6∶4。初步确定后要经过反复的练习和修正，直至合适为止。

B. 在初步掌握背越式完整技术以后，要逐步地加大练习的难度。例如加快助跑和起跳的速度、提高练习的横杆高度等，使学生的技术进一步得到熟练和巩固。

C. 最后通过教学比赛和技术评定，对学生掌握技术的情况作出客观的评价，也使学生了解自己存在的缺点和改进的方向。

D. 在教学全部结束后，学生应完成一篇学习本项目体会的书面报告。

2. 教学中常见错误动作及其产生原因和纠正方法

（1）起跳前减速和制动

①产生原因

A. 过早地为起跳做准备的心理，造成最后几步助跑减速，上体后仰。

B. 倒数第二步摆动腿支撑过渡过于消极，身体重心前移的幅度和速度不够。

C. 起跳腿前伸过远，着地时摆动腿尚未靠近起跳脚的支撑点，它所产生的冲击力减缓了身体重心前移的速度，造成制动。

②纠正方法

A. 重复讲解背越式跳高的技术特点，进一步建立助跑与起跳结合技术的正确概念。

B. 反复连续进行单足（摆动腿）跳和上步起跳练习，发展摆动腿的支撑力量和增强摆动腿的蹬摆意识。

C. 通过全程节奏跑和全程助跑起跳练习，使学生逐渐习惯于在不断地加速中过渡到起跳，从而使助跑和起跳紧密地衔接起来。

（2）起跳后过早倒体

①产生原因

A. 有急于过杆的心理，在起跳时增加了向横杆方向的用力。

B. 在沿弧线跑进时，没有很好地控制身体逐步地加大内倾或者由于最后两步跑成直线，在离心惯性力的作用下，加快了上体倒向横杆。

C. 在倒数第二步摆动腿支撑过渡阶段，由于没有获得牢固的支撑和保持身体内倾姿势踏向起跳点，造成过早倒向横杆。

②纠正方法

A. 消除怕过不了杆的心理障碍。要让学生明白，由于助跑最后一步与横杆约成 30°角，水平方向的运动已经提供了人体总重心超越横杆的可能性，因此，起跳时应把所有的注意力集中于向上的起跳。

B. 反复进行全程助跑、全程助跑起跳和过杆练习。开始时用实线或虚线画出助跑路线，熟练后只设少数标志，强调依靠自身的本体感觉控制身体逐步加大内倾，保证助跑曲线合理和准确。

(3)挺髋不充分,坐着过杆

①产生原因

A.有恐惧心理,过杆时不敢做倒肩挺髋动作。

B.由于自我保护意识过于强烈,在完成过杆动作之前,就收腹做落坑的准备。

C.起跳不充分,腾起高度不够,无充裕的时间完成一系列过杆动作。

D.动作顺序和用力部位概念不清,造成倒肩展体与收腿挺髋配合不协调。

②纠正方法

A.在过杆教学时,可先用橡皮筋或橡皮带代替横杆,并注意设置的位置靠海绵坑近一些,以确保练习时的安全,消除学生的恐惧心理。

B.重复做原地倒肩挺髋练习和原地起跳过杆练习,进一步体会过杆的动作顺序和用力部位。

C.借助于助跳板或低跳箱做助跑起跳上高海绵台或万能架练习,使学生能在较大的腾空高度和较充裕的腾空时间下,体会倒肩展体与收腿挺髋的协调配合,直至做出良好的背弓姿势。

三、跳远

(一)跳远技术发展概述

1.跳远技术及成绩进展

1896年第1届奥运会上,跳远运动员采用的是蹲踞式姿势。1920年芬兰运动员图洛斯首先采用挺身式姿势,成绩为7.56米。1931年日本运动员又用挺身式姿势把成绩提高到7.98米。挺身式空中动作,增大了身体围绕横轴旋转的半径,相比蹲踞式空中动作,更有利于克服身体前旋,保持空中身体平衡,因此使跳远成绩有了明显的提高。

20世纪60年代后期,跳远的速度越来越被人们重视。在跳远训练中,速度训练已占重要地位。进入20世纪90年代,随着训练水平的提高和人们认识的不断深化,跳远技术更多地强调高速助跑,尤其是最后几步助跑仍要加速,在起跳前达到最高速度进入起跳。

2.中国跳远项目的发展

我国男子跳远第一个全国纪录是潘文炳在1910年创造的,成绩为5.918米。中华人民共和国成立前,男子跳远全国最高纪录为6.91米。女子跳远第一个全国纪录为4米,在1930年由哈尔滨运动员梅仙创造。中华人民共和国成立前女子跳远全国最高纪录为5.06米。

1953年解放军运动员高树贵以6.93米打破中国男子跳远最高纪录。在1959年第1届全国运动会上,解放军运动员张启山创造了7.53米的全国纪录。20世纪80年代,刘玉煌和陈尊荣等几位运动员先后突破了8米大关。到1995年,黄庚以8.38米的成绩创造了全国纪录和亚洲纪录。他的成绩多次排进男子跳远世界前10名。1997年第8届全国运动会的预选赛上,广东运动员劳剑峰又以8.40米的成绩创造了新的男子跳远全国纪录和亚洲纪录。

女子跳远成绩也迅速提高。1965年肖洁萍跳出6.44米的成绩,创造全国纪录和亚洲纪录。这一成绩,位列当年女子跳远世界第9名。1984年廖文芬以6.57米打破肖洁萍的纪录。1993年全国田径锦标赛上,姚伟丽以7.01米的成绩创造新的全国纪录和亚洲纪录。

(二)跳远技术

跳远的完整技术由助跑、起跳、腾空和落地四个部分组成。

1.助跑

助跑的任务是获得最高的水平速度,并为准确、快速有力踏板和起跳创造条件。

跳远成绩与助跑速度有着密切的关系。为了获得最高的助跑速度,必须有相应的助跑距离。目前优秀运动员,男子助跑距离为40～50米,女子助跑距离为30～35米。助跑距离要根据天气(寒冷、逆风等)和身体情况(体力良好或不足等)进行调整。助跑中,一般设两个标志:第一标志设在起跑点,第二标志设在最后6～8步起跳脚着地处。

助跑开始姿势有两种:一种是从静止姿势开始,一般采用两腿微屈,两脚左右平行站立的半蹲式。这种方法第一步的幅度和速度较易稳定,有利于提高助跑的准确性。另一种是行进间走几步或跑几步踏上起跑点后,开始加速。这种方法助跑动作比较放松、自然,有利于发挥助跑速度,但对助跑准确性增加了难度。

助跑的加速方法也有两种:一种是积极加速,从助跑一开始就用力跑,步频始终很高。这种方法能迅速获得较快的速度。另一种是逐渐加速,与一般加速跑相似,在逐渐加大步长的基础上,不断提高步频。其加速时间较长,跑的动作较轻松、自然,踏板准确性较好,为大多数运动员所采用。

开始几步助跑,身体前倾较大,脚积极着地,两腿用力后蹬,摆动腿迅速前摆,两臂用力前后摆动。助跑中段时,躯干逐渐抬起,与地面成75°～80°角,加大腿和臂的摆动幅度,后蹬充分有力,使身体加速前移。

最后几步助跑,是助跑技术中的重要环节。运动员既要保持高速度,又要做好起跳准备。最后几步助跑动作仍然保持较大的幅度和速度,身体重心应保持较高位置,平稳向前移动,在保持步长的基础上,加快步频,形成加速上板的攻势。一般来说,助跑最后一步步长,比倒数第二步步长稍短。

2.起跳

起跳的任务是充分利用助跑速度,获得尽可能大的腾起初速度和适宜的腾起角度向空中腾起。起跳动作可以分为起跳脚着地、缓冲和蹬伸三个阶段。

(1)起跳脚着地

在助跑最后一步,为了加快着板动作,起跳腿大腿前摆抬得比短跑低一些,采用像跑时那样的扒地动作,积极下落着板,足跟与脚掌几乎同时接触起跳板。此时,躯干与地面的角度为70°～107°,小腿与起跳板的夹角为65°左右,膝关节角为175°～178°。

(2)缓冲

缓冲在于减缓起跳的制动性,减少助跑速度的损失,积极前移身体,为快速有力的蹬伸创造条件。

起跳脚着板后,由于惯性,迫使起跳腿的髋、膝、踝关节很快地弯曲缓冲。优秀运动员缓冲时,膝关节最大弯曲程度为135°～145°。此时,身体保持较直的姿势,使身体重心保持较高的位置,积极加速身体前移。

(3)蹬伸

当身体重心达到支撑点上方时开始进行蹬伸动作。此时,两眼正视前方,上体保持正直,提肩、拔腰,同时下肢快速蹬伸,髋、膝、踝三个关节充分伸直,身体伸展向前上方腾起。腾起角为18°～24°。

起跳时,摆动腿和两臂做快速摆动。当起跳脚踏上起跳板时,摆动腿大小腿折叠,屈腿前摆,加快身体重心前移。在起跳腿蹬伸时,摆动腿快而有力地向前上方摆出,带动髋部迅速前移。两臂配合下肢动作屈肘做有力摆动,摆动结束前瞬间,摆动腿大腿约与地面平行,起跳腿同侧肘关节接近肩水平,另一侧臂后摆接近最大限度,摆动动作突然制止,以增强起跳效果。

3.腾空和落地

腾空动作是为了维持身体平衡和为落地创造有利条件。正确的落地是为了争取更好的成绩,以及防止受伤。

起跳结束后即进入腾空阶段,运动员要保持起跳结束时的跨步姿势,向前、向上腾起。这一跨步姿势一般称为腾空步。腾空步之后的空中动作一般有蹲踞式、挺身式和走步式三种。

蹲踞式:起跳成腾空步后,上体仍保持正直,摆动腿的大腿继续高抬,两臂向前挥摆,起跳腿开始向前上方提举,逐渐与摆动腿靠拢,形成空中蹲踞的姿势。

挺身式:进入腾空步后,摆动腿的大腿随即积极下放,小腿由前向后下呈弧形摆动,髋关节伸展,两臂向下、向后上方摆动,这时留在身后的起跳腿与向后摆动的摆动腿靠拢,臀部前移,胸、腰稍向前挺,形成展体挺身的姿势。

走步式:起跳进入腾空后,摆动腿以髋为轴开始放下,并向后摆动,同时起跳腿屈膝,大腿向前提,随即向前伸小腿,形成空中换步动作。两臂配合腿的动作做大幅度环绕摆动。随后,摆到身体后面的摆动腿向前收与起跳腿靠拢,并向胸部提举,形成在空中迈两步半的走步式。

如果在空中再继续将起跳腿放下,摆动腿前摆,然后起跳腿靠近摆动腿向胸部提举,双腿落地，就形成了在空中迈三步半的走步式。

准备落地时两腿要屈膝高抬，上体前倾，在脚接触沙坑前，两腿尽量向前伸直，此时上体不应过分前倾。两臂由上经前向下后方摆，脚触沙坑后及时屈膝，使身体重心向下、向前移过支撑点。

（三）跳远教学

1. 跳远教学的步骤与方法

（1）建立正确的跳远技术概念

第一，结合技术电影、录像、图片等直观教学工具，讲解跳远技术特点和要求。

第二，教师做完整的跳远示范。

（2）学习助跑踏板及起跳技术

①教学方法

A. 上步模仿起跳练习。两脚前后站立，摆动腿在前，起跳腿在后。起跳腿由后向前迈步，做积极向下放脚的踏板动作，用全脚掌滚动着地，随即稍屈膝并蹬伸起跳，摆动腿屈膝前摆至大腿成水平位，同时起跳腿同侧臂向前摆，异侧臂向侧后积极摆动并突停。跳起后下落时，用摆动腿着地过渡到跑。

B. 在跑道上连续做 3 步助跑起跳练习。将摆动腿放在前面，跑 3 步按教学方法 1 的要求起跳，下落时用摆动腿落地，接着再跑 3 步起跳，如此重复进行。

C. 跳上器械的起跳练习。助跑 4～6 步起跳，要求起跳腿充分蹬伸后留在身体后面，用摆动腿落在 60～100 厘米高的海绵包或高台上。起跳点距离海绵包或高台 2 米左右。

D. 助跑起跳越过障碍。在沙坑边上摆放低栏或拉一条橡皮筋，运动员助跑 6～10 步起跳越过这一障碍物。要求起跳腿蹬伸后留在身体后面，摆动腿屈膝前摆，带动髋关节向前上方摆出，大腿抬平，小腿自然下垂，上体正直成腾空步姿势，用摆动腿下落沙坑，接着向前跑出。

②注意事项

A. 助跑起动方式应固定，加速的节奏与步长应稳定。

B. 助跑踏板练习，要求加速跑上板用全脚掌踏板。

C. 起跳应做到放脚快，蹬伸起跳快，腾起快。

D. 最后几步助跑身体应保持高重心，不能出现改变跑的姿势或跨步、倒小步、停顿等现象。

E. 应反复进行用加快步频的方法达到最高助跑速度跑上起跳板的练习。

F. 中、短距离助跑，可采用走步丈量法确定助跑距离。其方法是如果用 8 步助跑起跳，自然步走 14 步，即助跑的步数乘 2 减 2，然后再稍加调整。

G. 在起跳板处用白石灰画一较大起跳区，以免学生受起跳板的约束，影响助跑放不开。

随着助跑节奏、步长的稳定而逐渐将起跳区缩小到起跳板的宽度。

(3)学习腾空和落地技术

①教学方法

A. 团身举腿落地练习。蹬沙坑沿做立定跳远,腾空后两膝高抬,然后小腿尽量前伸,两臂由上向后、自后向前摆动。

B. 学习蹲踞式空中动作。在起跳板处放一斜面踏跳板,助跑4～6步在斜面踏跳板上起跳,跳起后成腾空步姿势,然后起跳腿向摆动腿靠拢,大腿主动向胸部靠拢。不能过早地前倾上体,防止前栽和影响伸腿落地。按教学方法1)的要求完成落地。

C. 学习挺身式空中动作。甲:两臂支撑在双杠或悬垂在单杠上成腾空步姿势,然后摆动腿放下并向后摆与屈膝的起跳腿靠拢,两腿再向前举膝靠胸伸小腿跳下。乙:设置一斜面踏跳板,助跑4～6步在斜面踏跳板上起跳,跳起后成腾空步姿势,摆动腿放下并向后摆,起跳腿屈膝与向后摆动的摆动腿靠拢,两臂配合摆动上举,髋部前移,挺胸展体成挺身式,然后收腹举腿,两臂由上向后下再向前摆动,两脚落进沙坑。

D. 学习走步式的空中动作。甲:模仿走步式的空中动作。两臂支撑或悬垂在器械上(双杠或单杠、吊环),按走步式空中动作要领,体会在空中走两步半的动作过程。乙:原地走步式模仿练习。起跳腿单脚站立,摆动腿高抬,整个动作成腾空步姿势。然后摆动腿下放落地,起跳腿向前迈一步,摆动腿再向起跳腿并拢,最后双脚向前一跳完成走步式空中动作。随着迈步向前走的同时,两臂配合腿部动作做环绕摆动。丙:借助斜面踏跳板跳起,体会空中换腿动作。此练习可分两个阶段进行:第一阶段主要体会空中走两步的换步动作,呈起跳腿在前、摆动腿在后的跨步姿势落入沙坑;第二阶段按走步式空中完整动作的要领,在空中走两步后,用摆动腿靠近起跳腿双脚落入沙坑。

②注意事项

A. 跳远腾空的所有姿势都是从腾空步开始的,所以要反复练习短、中程距离助跑的腾空步动作。

B. 学习落地技术,要求落入沙坑前做到膝关节向胸部靠拢,然后伸小腿,用足跟先触及沙坑,身体重心迅速向前移过落地点。

C. 学习蹲踞式空中动作的关键是先做好腾空步,将腾空步和落地动作连接在一起,同时要掌握好身体的平稳。

D. 学习挺身式空中动作要防止挺腹替代挺胸。当摆动腿下放时,起跳腿的髋部应前送,同时挺胸展腹,可适当延长这一动作过程,然后双腿靠近胸部做落地动作。

E. 学习走步式空中动作时要求学生做好摆动腿的下放与起跳腿的屈膝前摆协调配合,同时注意两臂的环绕及加强动作的节奏感。

F. 无论何种空中姿势,都应注意保持身体的平衡,防止身体前旋。

(4)学习跳远完整技术

①教学方法

A. 确定助跑的距离、步数和标志物设置的地点后，进行全程助跑练习，反复体会助跑节奏和加速上板的跑跳结合技术。

B. 全程助跑跳远练习，不断熟练和巩固跳远技术。

C. 针对每个人技术上存在的问题，选用适当的手段加以改进。

D. 技术评定和测验。

E. 教学小结。

②注意事项

A. 完整技术教学时要求助跑步数固定，步长稳定，踏板准确，呈加快步频、高速攻板的态势。

B. 助跑距离的确定应考虑到学生掌握助跑起跳技术的程度和体力情况。距离过长，速度过快，可能会出现无力完成助跑起跳动作的状况，不妨缩短助跑距离，使之有充沛的体力做好助跑起跳这一主要技术环节。

C. 完成技术教学时要尽力做到三快：助跑速度快（加速上板）、踏板起跳快（起跳时间短）、摆腿和摆臂快（为加快蹬伸创造条件）。

2. 教学中常见的错误动作及其产生的原因和纠正方法

(1)助跑步点不准

第一，产生原因：①启动姿势不固定。②助跑加速时步长变化大，节奏不稳定。③受风向、场地和情绪不稳定的影响。

第二，纠正方法：①采用固定的启动姿势，调整助跑标志物。②反复跑步点，在快跑中固定步长和加速的方式。③稳定情绪，提高在不同气候和场地的情况下迅速应变的能力。

(2)助跑最后几步减速

第一，产生原因：①步点不准，最后几步步长过大或过小。②上体后仰，臀部后坐，后蹬不充分。③怕越板犯规。④体力不支，控制不了速度。

第二，纠正方法：①反复跑步点，特别注意调整助跑最后 6～8 步的第二助跑标志物的设置。②强调助跑的最后阶段积极加强后蹬，加大两臂摆动，上体保持正直，提起身体重心，加速身体前移。③助跑起跳要果断，如果体力不佳，可缩短助跑距离或平稳加速，保证加速上板的能力。

(3)制动式起跳

第一，产生原因：①起跳脚着地时身体重心落后，过分前伸小腿。②盲目追求腾空高度。

第二，纠正方法：①强调提高身体重心助跑，加速身体前移，用扒地式踏板起跳。②强调快速跑上踏板进行起跳。③在斜坡跑道上做下坡跑起跳。

(4)起跳腿蹬伸不充分

第一,产生原因:①起跳腿缓冲过深,使蹬伸用不上力。②起跳时髋没有积极前送。③蹬伸用力开始太早或太晚。④蹬伸动作不协调或力量不够。

第二,纠正方法:①强调助跑最后几步提高身体重心的起跳练习。②强调起跳着地瞬间顶头、提肩拔腰。③反复做1～3步的起跳练习。④做各种跳跃练习,改进动作的协调性和发展腿部力量。

(5)蹲踞式跳远中身体向前旋转

第一,产生原因:①起跳时摆腿不积极,摆动幅度小。②起跳时低头,肩前冲,上体过于前倾。③急于做落地动作。

第二,纠正方法:①短、中程距离助跑跳远,要求起跳时身体保持正直,目视前方。②起跳后保持腾空步姿势,待达到最高点再提膝靠胸做落地动作。③连续做助跑起跳练习,着重改进摆腿和摆臂动作。

(6)挺身式跳远中挺身过早

第一,产生原因:①腾空步未做完就急于做挺身动作。②起跳不充分,髋部前移不够,摆动腿摆动不积极。

第二,纠正方法:①加强起跳练习,强调腾空步姿势,待身体腾越一定距离后再做挺身动作。②可在起跳板前1.5～2米处设一个高30～50厘米的橡皮筋或横杆,要求越过障碍物后再做挺身展体动作。

(7)挺身式跳远中以挺腹代替挺身

第一,产生原因:①腾空步后,以挺腹代替摆动腿的下落。②上体后仰,摆动腿没有后摆动作。

第二,纠正方法:①腾空时要求头部正直,下放摆动腿时要求先向下伸展髋部,然后稍向后摆,而起跳腿屈膝稍向前提,形成摆动腿较直、起跳腿稍屈膝的姿势。②在两臂悬垂或支撑状态(单杠、双杠上)做挺身式模仿动作,要求同上。

(8)走步式跳远中,空中两腿换步的幅度小,动作不协调

第一,产生原因:①换步时只摆小腿,大腿没有摆动动作。②换步时,肩轴和髋轴的扭转、两臂的环绕配合不协调。

第二,纠正方法:①支撑或悬垂在器械上,模仿空中走步,体会换步时以大腿带动小腿的大幅度摆动动作。②在跑道上做徒手练习,体会两腿换步与两臂环绕的协调配合动作。③助跑8～10步在斜面踏跳板上起跳,在增加腾空高度的情况下,反复体会空中换步及并腿落入沙坑的动作。

(9)落地时前栽

第一,产生原因:①落地前团身动作未完成,上体前倾过早。②落地时没有向前伸小腿。

③腰腹力量不够。

第二，纠正方法：①做立定跳远，要求落地时前伸小腿。②做短程助跑跳远练习，要求落地前两腿屈膝提至胸前，然后伸小腿越过落点标志。③发展腰腹力量。

(10)落地时后坐

第一，产生原因：①足跟着地时没有迅速屈膝。②两臂没有及时前摆。

第二，纠正方法：①做立定跳远练习，要求落地缓冲时，两臂迅速向前挥摆，帮助身体重心移过支撑点。②做立定跳远或走几步助跑的跳远练习，体会落地时两腿屈膝缓冲动作。

四、三级跳远

(一)三级跳远技术

三级跳远是运动员由助跑开始，沿直线连续进行三次水平跳跃的田径项目。根据田径规则规定，三级跳远的第一跳为单足跳，第二跳为跨步跳，第三跳为跳跃，即前两跳为同一条腿跳跃，最后一跳用另一条腿进行跳跃。

三级跳远技术动作比较复杂，因此三级跳远运动员必须具备良好的身体素质和较高的技术水平，才能保证取得优异成绩。

现代三级跳远技术发展趋向于在保持高速度助跑的基础上，适当减小第一跳，增大第三跳，同时保持身体重心轨迹的平稳和低角度起跳，以有效地减少助跑速度的损失，加快各跳的起跳速度。三级跳远技术的要求为快速的助跑及合理的助跑节奏，积极加速上板，快速有力的起跳；支撑阶段富有弹性的缓冲和加快身体重心前移的速度；腾空阶段自然平衡的交换腿动作和落地前的积极扒地动作，最后落地时双腿高抬向前远伸的技术动作。

1. 助跑

助跑的任务是获得最快的助跑速度和准确地踏上起跳板，并为第一跳的起跳做好充分准备。

三级跳远的助跑与跳远的助跑大致相同。助跑的距离和助跑的加速方式取决于运动员的加速跑能力和专项训练水平。助跑距离一般运动员约为 35 米，优秀运动员约为 45 米。助跑步数一般为 20±4 步。加速的方式一般有逐渐平稳加速和积极加速两种。

决定助跑准确性的因素有以下几点：

第一，固定的起跑姿势和稳定的加速方式。运动员的起跑姿势和加速方式，特别是前 4 步的步长对整个助跑的准确性有直接影响。

第二，全程助跑的节奏，特别是最后几步助跑节奏的稳定性。

第三，对外界环境变化的调整能力。如对风力、风向、气温、助跑道的质地、比赛时间及观众情况等变化的调整能力。运动员自身状态。包括稳定的情绪、良好的身体条件和运动员的自信心。

第四,助跑的最后几步技术。积极加速上板,身体重心要高,上体正直或稍前倾,保持正常跑的动作结构。最后一步要积极快速放脚,大腿抬得略低于前几步助跑的抬腿幅度,摆动腿和两臂配合起跳腿更加积极摆动。这都有利于保持最后助跑的水平速度及加快起跳速度。

2. 第一跳(单足跳)

为了保证在第一跳中尽可能减少助跑水平速度的损失,要求运动员在助跑最后一步时,起跳腿用全脚掌以积极自然的跑步动作踏向起跳板,大腿下落要快速积极,放脚时要有快速有力的扒地动作。此时上体正直或稍前倾,起跳脚的着地点尽量靠近身体重心投影点。在触板瞬间腿几乎伸直,与地面成 69°±3°角。

起跳脚着地后,迅速屈膝缓冲,使身体快速前移。同时,摆动腿大小腿折叠积极前摆,两臂协调配合,使整个身体处于蹬伸前的最有利状态。

随着身体的快速前移,起跳腿及时进行爆发性的蹬伸动作,摆动腿和两臂配合起跳腿的蹬伸动作,快速有力地大幅度向前上方摆动,在起跳结束瞬间起跳腿充分蹬直,与地面成 62°±2°角。

起跳结束后进入腾空阶段,腾起角 14°～17°此跳的腾起角十分重要,腾起角增大会导致更多地损失水平速度,腾空轨迹较高又会增加第二跳起跳腿的负荷,并对后两跳产生影响。在单足跳保持腾空步动作 1/3 距离后,开始做换腿的动作,即摆动腿大腿带动小腿自然向下、向后摆动,同时起跳腿屈膝前摆,大小腿尽量折叠,随着摆动腿的继续后摆和起跳腿的前摆高抬,完成了换步动作。此时,注意掌握换步时机,以保证第一跳的远度和为下一跳的起跳做好准备。

由于运动员采用的跳跃方式不同,两臂动作也不相同,大多数运动员为了不影响跑的速度,多采用前后摆臂的形式;也有的运动员采用双臂同时摆动的技术。

3. 第二跳(跨步跳)

当完成第一跳的换步动作后,此时起跳腿继续高抬,摆动腿充分后摆,以加大两腿间的夹角。随着身体的下降,前摆的起跳腿开始了积极有力的下压,小腿迅速前伸做有力的扒地动作,几乎是直腿以足跟着地,着地角为 68°±2°。要及时地屈膝伸踝进行退让并迅速滚动到前脚掌,促使身体快速前移,同时摆动腿和两臂快速有力地向前摆动,促使起跳腿做快速有力的蹬伸动作。第二跳的腾空高度相对其他两跳较低,腾起角在 14°左右。进入腾空阶段,要尽可能保持长时间的跨步姿势。优秀运动员在腾空过程中完成两腿反弹式的回摆动作,使摆动腿积极上提,起跳腿屈小腿后摆,上体随着摆动腿的上提而前倾,两腿间夹角达到最大,这样有利于保持身体平衡,并为第三跳的起跳做好充分准备。

4. 第三跳(跳跃)

在跨步跳的腾空阶段,当身体开始下降时,应以大腿积极下压、小腿前伸做有力的向下、向后快速扒地动作，以保证第三跳的起跳能在快速中完成。由于摆动腿的积极下压和快速的扒地动作，使其着地后适度地屈膝、伸踝、积极缓冲，但支撑缓冲时弯屈不宜过大，这样才能使身体快速前移。随着摆动腿和两臂快速有力地、大幅度地向前上方摆出，及时完成第三跳的起跳动作。起跳结束瞬间，起跳腿髋、膝、踝三关节充分蹬直，并与上体成一直线。第三跳的腾起角为16°～18°，空中动作与跳远时一样，一般多采用挺身式或蹲踞式姿势。落地动作与跳远落地技术相同，在触地瞬间柔和地屈膝缓冲，髋部迅速向前移动，使身体（特别是臀部）迅速移过落点，坐在落点处或倒向落点一侧。

（二）三级跳远教学特点与注意事项

1.教学特点

三级跳远对学生各项身体素质的要求较高，特别是对速度、力量、协调性等素质的要求更高，因此三级跳远的教学一般都在短跑、跳高、跳远等项目的教学后进行。在教学中，既要解决技术掌握问题，又要解决专项素质的提高问题，帮助学生形成良好的三跳节奏和合理的三跳比例，充分发挥学生的身体素质，以便掌握良好的三级跳远技术。

三级跳远的教学方法有两种，一种是逆向教学，另一种是正向教学。无论采用哪种方法，都必须利用现代化教学手段和直观教学工具，如录像、电影、连续动作图片、幻灯片、投影和技术图片及完整技术示范，使学生了解优秀运动员技术特点和建立三级跳远技术的初步概念。

逆向教学：按三级跳远相反的顺序进行教学，先学习助跑用摆动腿起跳的跳远，然后掌握助跑“跨步跳——跳跃”的衔接技术、“单足跳——跨步跳”的衔接技术，最后掌握完整三级跳远技术。

正向教学：它是目前普遍采用的教学方法，其教学顺序是学习三级跳远的各组成部分，即单足跳、跨步跳、跳跃，从而掌握三级跳远的基本技术；学习单足跳与跨步跳的结合，学习跨步跳与跳跃的结合，掌握三级跳远各跳间的衔接技术；学习三级跳远步点丈量方法，掌握快速助跑节奏和快速助跑起跳能力及助跑的准确性；学习完整的三级跳远技术，形成良好的三级跳远动作节奏和合理的三跳比例，随着技术的掌握和提高，逐步增加助跑距离和速度，提高学生参加教学比赛能力。

三级跳远的技术比较复杂，练习强度大，宜采用分解练习和完整练习相结合的方法教学，前一阶段注意简化练习手段，降低练习强度，掌握基本技术。

2.注意事项

第一，初学时帮助学生了解三跳的节奏和确立合理的三跳比例，不要片面地追求远度。

第二，分析技术或观看直观教学工具时，讲解必须精练、准确，不宜过细，重点应在三跳结构、各跳间的衔接和臂腿的配合上。

第三，学习多级跳时应先从跨步跳开始，然后再做单足跳和二者的配合，掌握积极地、有弹性地起跳，跳跃的节奏应均匀，不要求动作太快。

第四，学习助跑单足跳技术时，在加快节奏的助跑中不能有明显的起跳准备，最后几步助跑应是大腿高抬和动作放松，第一跳起跳时，运动员好像以大幅度摆动跑入单足跳，同时注意摆动腿与起跳腿的换步时机，并要求起跳腿积极有力地快速扒地。

第五，保证后两跳时的身体平衡，并尽量加快后两跳的动作速度，注意两臂及摆动腿在腾空阶段和起跳瞬间协调配合的动作。

第六，注意发挥助跑速度，强调最后几步的节奏，培养学生积极攻板的意识。鼓励学生充分发挥个人技术特点和技术风格。要保证助跑和三跳落点的直线性。在整个教学中，应始终注意助跑道是否平整，有无异物，加强安全教育。

五、撑竿跳高

撑竿跳高运动，过程长，运动形式多变，人体又要借助一根撑竿的支撑来完成动作，所以技术较为复杂，相对其他三个跳跃项目而言，撑竿跳高在运动结构和技术理论方面都具有一定的独特性。

（一）撑竿跳高技术

现代撑竿跳高运动使用玻璃纤维撑竿。玻璃纤维撑竿最重要的物理特性是在跳跃时可以产生大幅度的弯曲，这种弯曲为握竿高度和腾越高度的增加提供了可能性。采用玻璃纤维撑竿跳跃时运动员以自己的用力影响弹性撑竿，同时撑竿的弹性作用又影响着运动员的动作，所以如何使人体的运动与撑竿的运动协调配合，最大限度地发挥出玻璃纤维撑竿的优越性，以提高人体的运动效果，是玻璃纤维撑竿跳高技术形成和发展的主要依据。

撑竿跳高技术由持竿助跑、插竿起跳、悬垂摆体与伸展，引体、转体、推竿、过杆和落地几部分组成。

1. 持竿助跑

持竿时两手相距同肩宽，上手拇指在撑竿外侧，下手拇指在撑竿内侧，两肩正对跑道且放松。上手臂屈肘，上握点位于同侧髋附近，下手臂位于体前。

助跑起动时撑竿与地面的夹角可随握竿高度的不同与风向的不同做适当调整，但一般在 70°左右。

助跑起动的方式有站立式起动和行进间起动两种。

站立式起动：一般是起跳脚站在起跑线上，两脚前后分立，助跑前几步身体略前倾。这种方式有利于起跳点的相对稳定，适应于加速能力较强的运动员。

行进间起动：先走或慢跑几步，待起跳脚踏上起跑线后加速跑进。这种方式可减少助跑加速时的紧张程度，但起跳点的位置相对不易控制。

优秀运动员的助跑距离一般在 18～20 步，初学者可适当减少。助跑时要求身体重心高，富有弹性，蹬摆协调配合，特别是摆动腿向前上方的积极摆动。最后4～6步要达到助跑的最高速度，然后靠增加步频来保持速度。为了配合插竿动作，这期间竿头要逐渐下降至水平部位，降竿时注意上体不要后仰。

2. 插竿起跳

插竿起跳是撑竿跳高的关键技术环节，其完成质量在很大程度上会影响整个跳跃的质量。

通常认为插竿动作是从助跑的倒数第二步开始的，这时随着摆动腿的前摆，上手翻腕，把撑竿不停顿地直接向前上方举起，待摆动腿着地时，上手应位于额前上方部位；随着起跳脚迈向起跳点，双手仍要不间断地向前上方举起，并把竿头平稳地插入穴斗。由于插竿动作是在快速助跑中完成的，因此要求整个动作做到及时、迅速、到位，否则会影响起跳和竿上动作的效果，这其中插竿开始的时机和完成的不间断性十分重要。在插竿过程中，下手始终不要低于同侧肘的高度，这样不仅可以更好地支撑撑竿的重量，而且也可以加大撑竿与地面的夹角，这一角度对于竖竿是有重要意义的。

起跳点在上握手的投影点上。助跑最后一步相对较短，起跳脚积极踏上起跳点并迅速过渡到全脚掌支撑，上手臂充分伸直，下手臂紧张用力支撑撑竿（肘关节一般不小于90°），这种支撑将有利于弯竿及竿上动作的平衡。起跳腿的缓冲不宜过大，蹬伸动作要积极充分，摆动腿屈膝前摆，头部稍抬并正对前方。在起跳的蹬伸阶段躯干要注意伸展，其中胸部向前上方的积极运动十分重要，这不仅有利于能量向撑竿的转化，而且也为后续的竿上动作奠定良好的基础。

现代撑竿跳高技术要求在起跳过程中充分发挥人体的运动速度，这将有利于竿上摆体的快速完成，因此在起跳过程中不应追求过大的撑竿弯曲量，否则会对人体的运动造成较大的约束。插竿起跳的良好技术特征应表现在起跳腿蹬伸时竿头才触及穴斗底端，从而获得真正意义上的支撑。

3. 悬垂摆体与伸展

起跳离地后，人与撑竿以穴斗为支点共同向前运动，而人相对于撑竿则处于悬垂状态，即胸、髋继续积极向前运动，起跳腿滞留在体后，摆动腿基本保持离地时的状态，上手臂伸直，下手臂仍紧张用力（由于躯干的靠近，肘关节角度有所减小），整个身体形成反弓姿势，这不仅缩短了“人—竿”的转动半径，有利于竖竿，而且体前肌群的拉长也为摆体创造了有利的肌肉工作条件。悬垂阶段不能人为地拉长时间，否则会破坏竿上动作的节奏，悬垂的深度和速度取决于起跳时的身体重心腾起速度。

身体背弓达到最大即开始进入摆体阶段，摆体的前半部动作要充分体现出“鞭打”用力的特征，即开始摆体时下手臂肘关节角度有所加大以制动躯干并振肩，从而促使动量向下肢传递，同时起跳腿发力以较直的状态做“兜扫”式摆动，这样就使人体能以低重心状态实现摆体速度的增加，从而加剧撑竿的弯曲，并为摆体的后半部分动作加大速度储备。当摆至整个身体与地面约成45°角时，开始屈髋收腿，两腿迅速向上握点方向靠拢，不要仰头。这时由于人体半径的缩短就会使身体加速向上，这样对撑竿的压力也会进一步加大，使得撑竿达到最大弯曲。摆体的后半部分动作具有团身的外形特征，团身结束时的良好体位是两膝在臀部垂面以内，同时臀略高于肩。

摆体阶段的动作效果在现代撑竿跳高技术中占有非常重要的地位，这不仅因为撑竿的弯曲量在摆体时增加最多(占总弯竿量的70%左右)，而且在整个撑竿跳高动作链中，摆体又是人体重心从下向上运动的转移环节。摆体的动作质量与悬垂阶段的运动速度和身体姿势有直接关系，而悬垂时的人体速度和良好的反弓姿势又取决于快速的助跑起跳与正确的起跳姿势，所以，助跑和起跳是摆体的基础。

摆体结束后，人体开始由团身状态向上做伸展动作。由于身体的伸展是在撑竿的反弹时期进行的，而撑竿的反弹方向是前上方，所以身体伸展开始的方向应是后上方，这样才能保证人体充分向上。为了充分利用撑竿的反弹力量，伸展时的动作速度应与撑竿的反弹速度相一致。伸展后程，下手臂肘关节角度逐渐缩小，直至前臂贴紧撑竿。整个伸展阶段身体重心应靠近撑竿运动，伸展结束时良好的身体姿势是形成“直臂倒悬垂”。

4.引体、转体、推竿

当人体和撑竿几乎伸直时，两臂即开始沿撑竿纵轴做拉引动作，由于两手握距较宽，所以拉引和推竿是交叠进行的，即下手开始推竿时上手仍处于拉引状态，从上握点与同侧肩平齐开始，则主要表现为上手推竿。

在拉引过程中，身体要完成一个绕纵轴转体的动作，这时要注意收紧下颌，两腿伸直并靠拢，特别是起跳腿不能向前伸转，以尽量保证身体靠近撑竿运动。引体和转体是连贯性的用力过程，不应有任何停顿和突然性的猛烈用力，否则会影响撑竿反弹力的充分利用。

在推竿过程中，两腿不要过早地下放，要积极有力地向下推展上手臂的肩、肘关节，这样不仅可以增加向上的动力，而且良好的单臂支撑倒立姿势也有助于增加腾越高度。推竿完成瞬间上手应顺势将撑竿推向助跑道方向，以免撑竿碰落横杆或触动撑竿跳高架子而震落横杆，造成失败。

5.过杆和落地

推离撑竿后即转入无支撑的腾空阶段，这时要注意调整身体各部分的位置，充分利用其补偿效应。当身体重心上升到最高位置时已越过横杆的双腿有所下压，并收腹、含胸成弓身姿势。当臀部越过横杆时，向上扬臂、抬头，使整个身体依次越过横杆。落地时要注意安全，正确的落地动作是使背部柔和地平落在海绵包上。

(二)撑竿跳高教学特点与注意事项

1.教学特点

由于撑竿跳高技术较为复杂，所以分解教学所占比例相对较大。如教学时数有限，则应以地面技术为主，其中插竿起跳是关键环节，竿上技术不作过高要求，重点是动作的基本结构与连贯性。撑竿跳高技术教学时，要注意培养学生的“竿感”（即习惯于在撑竿上做动作的能力），可经常采用一些竿上悬垂、竿上撑摆、持竿热身操和持竿跑等练习手段。

在教学初期，要注意消除学生的恐惧感，除场地设施的保证外，在练习时教师可采用一些保护措施。另外，轻松规格的示范演示也会有效地减轻学生的恐惧感。

撑竿跳高的教学步骤如下。

第一，初步了解撑竿跳高技术及主要技术环节。

第二，学习持竿及持竿跑技术。

第三，学习举竿技术。

第四，学习插竿起跳和竿上悬垂技术。

第五，学习悬垂摆体和伸展技术。

第六，学习引体、转体、推竿、过杆技术。

第七，学习撑竿跳高完整技术。

2. 注意事项

第一，撑竿跳高要求上握手与起跳腿形成异侧搭配（如右手在上，则左腿起跳），这与许多人的习惯行为不相吻合。解决这一问题的方法一般是上手不变而变换起跳腿，因为多数人对手的习惯性依赖更强一些。

第二，握竿点是撑竿跳高中的重要概念，因此，在进行各种练习时必须掌握合适的握竿点，否则要及时进行调整。

第三，跳跃时要注意握竿点与起跳点的适宜配置，一般起跳位置在握竿点的投影点上。另外，要注意把起跳点、握竿点、插竿点保持在穴斗中线的垂面上，以保证人体向正前方平稳地运动。

第四，举竿开始时上手与同侧腿是同方向运动，这与人体的习惯行为不同，因此要反复练习，以保证举竿的及时到位。

第五，建立“撑竿跳高首先是一种跳”的技术概念，加强跳的意识。跳远起跳练习可作为经常性的辅助手段。

第六，使用尼龙撑竿时注意选择的硬度要适宜，并确定合适的握竿点。另外，撑竿的弯曲面也要正确，否则会产生异常弯曲和转动。注意避免硬物划伤撑竿。

第七，当撑竿不向前或在竿上失去平衡时，不宜马上松竿落下，如能握住撑竿悬挂稍许，则会增加落地的安全性。

第三节　投掷项目课程的教学指导

一、投掷技术原理

(一)投掷技术力学原理

1.投掷技术力学原理

投掷项目是通过人体的运动将器械掷出,器械的抛出近似物体斜抛运动,因此,人们常依据物理学中的力学、空气动力学以及运动生物力学的一些理论对投掷技术进行研究和分析,并用这些理论指导运动实践。

公式中重力加速度是一个常数,因此,器械飞行的距离主要取决于器械出手时的初速度和出手角度。但是,上述物体抛射公式是物理学在真空中实验得出的,物体的发射点和落地点处在同一个水平面上,而投掷项目的器械出手点和落地点都不在一个水平面上,也不是在真空里,因此,投掷的远度除取决于器械出手的初速度和出手角度之外,还要受到气流和出手高度的影响。

投掷项目中的铅球和链球,由于它们的重量较大、体积较小且成球形,器械在空中运行时空气对它们的影响不大,一般情况下可以不考虑气流对它们的影响。而标枪和铁饼的形状易受空气气流的影响,因此,气流是影响标枪和铁饼投掷远度的一个重要因素。

2.影响投掷远度的因素

(1)器械出手速度

从物体斜抛运动的公式中可以得知,如果抛射角度不变,初速度越大,距离就越远。距离的增加是随器械出手速度的平方值的增加而增加。因此,运动实践中,身体训练和技术训练都是围绕如何最大限度地提高器械出手速度来进行的。投掷器械时,人体肌肉用力必须在器械合理的运行方向上作用于器械,同时,使力作用的距离长、时间短,才能提高器械出手的初速度。

(2)器械出手角度

田径运动投掷项目器械出手点高,落地点低,出手点和落地点之间的连线与地面水平线的夹角通常称为地斜角。

由于地斜角的影响,投掷项目的出手角度不是45°,而是小于45°。目前的研究和分析认为,除掷链球的出手角度略大于40°外,其他投掷项目的出手角度在30°～40°。投掷项目的出手角度应减小,以利于提高出手的速度。

(3)器械出手高度

器械的出手高度与人体的身高、臂长和最后用力的动作有关。在其他条件相同的情况下，出手点越高，投掷距离越远。但因人体条件的限定，出手高度对器械飞行的距离产生的影响是有一定限度的，只能在一定的范围内适当提高出手高度。

(4)器械在空中的姿态和气流的影响

标枪和铁饼在空中要受到气流的影响，顺风和逆风都会影响器械飞行的距离。在器械出手的瞬间，可以形成三个角度。

投掷器械在空中飞行时，空气对器械一方面产生阻力，另一方面也产生一定的升力。阻力和升力的大小与投掷出手角度、器械仰角、冲击角以及出手速度、器械的自转速度有关，同时，还要受风向、风速和器械本身的结构、材质等的影响。因此，在投掷运动实践中，根据上述因素有效地控制好器械的投掷角度，合理地利用升力，减少阻力，是非常重要的。一般情况下，风速不大时，顺风投掷，应适当增大出手角度，逆风时应适当减小出手角度。

此外，在投掷器械出手冲击角度为零时，称为零冲击角，冲击角度小于出手角度时称为负冲击角，大于出手角度时称为正冲击角。目前一些研究认为，在零冲击角至负冲击角为5°左右时，有利于人体的作用力作用在器械上。

(二)投掷项目共同的技术特点

投掷项目的完整技术都是由握持器械、准备助跑、助跑或预先加速、最后用力和器械出手后的维持身体平衡等几个不可分割的技术阶段组成。虽然各项目的各个技术阶段动作形式各有不同，但是总的要求是一样的。

1. 握持器械

无论投掷哪种器械，握持时都应该做到握持器械要稳定；在投掷的全过程中，始终控制好器械的位置、方向和角度。

第一，握持器械要便于助跑和最后用力，特别是有利于出手时能够把力量集中作用于器械上。

第二，握持器械的手臂适当放松，以利于最后用力。

第三，握持器械时，要尽量利用手臂的长度和力量。

2. 投掷项目的预先加速

投掷项目技术通过预先加速，使器械获得一定的速度进入投掷阶段，以便最后的加速用力。一般情况下，各投掷项目的预先加速形式都有所不同。掷标枪的预先加速形式称为助跑(包括直线持枪助跑和交叉投掷步)，推铅球的预先加速形式称为滑步或旋转，掷铁饼和掷链球的预先加速形式称为旋转。无论何种形式的预先加速，都应该做到以下4点：

第一，预先加速的节奏要合理，人体带动器械逐渐加速，形成人—器械为一体。

第二，预先加速的速度因人而异，应保证技术的连贯和有利于最后用力。

第三，预先加速应能充分利用场地，增加器械预先加速的距离，并保证用力能作用于器械上，能为最后用力创造有利条件。

第四，预先加速时身体重心的移动要平稳，以便减少水平速度的损失，尽快进入最后用力阶段。

3. 最后用力前的准备姿势

最后用力前的准备姿势是预先加速结束，最后用力开始的衔接动作，应做到以下 3 点：

第一，在预先加速进入最后用力之前，要做出正确的超越器械的动作，形成下肢在前、上体和器械在后的上体略向后倾或者旋转结束后躯干扭转的姿势，使髋轴和肩轴形成交叉状态，为加大最后用力的投掷距离创造有利的条件，同时也为合理地用力及发挥全身的最大力量做好准备。

第二，最后用力前两脚的位置和方向要正确，以利于最大限度地发挥腿部和躯干力量。

第三，在最后用力前，头和非投掷臂的姿态和动作，直接影响肌肉的拉紧和放松，并且与身体重心的变化和身体的平衡、动作的方向、用力的路线都有密切的关系。因此，要注意它们在最后用力前的正确动作，不能低头、转头和甩臂。

4. 最后用力

最后用力是决定投掷远度的主要技术阶段，应做到以下 4 点：

第一，两脚积极快速落地，尽快形成双腿支撑条件下的最后用力。

第二，最后用力的顺序要遵循从下到上，从腿到髋、腰、胸，最后到臂、手的协调用力。

第三，最后用力要发挥最大的投掷距离和最快的出手速度。

第四，最后用力阶段器械出手时，应充分发挥腕和手指的快速用力，给器械最后的加速，以提高器械的出手速度。标枪和铁饼还应使其形成顺时针旋转，以提高器械在空中飞行的稳定性。

5. 器械出手后的身体平衡

投掷项目在器械出手后，应维持身体的平衡，避免身体失去平衡冲出投掷圈或起掷弧而造成犯规。

第一，器械出手后，立即交换两腿，降低身体重心。

第二，迅速改变身体运动的方向。

二、推铅球

（一）推铅球技术发展概述

1. 推铅球技术与成绩的进展

古代士兵们利用与炮弹形状和重量相同的石头，发展臂力，锻炼体魄，后来逐渐演变成了现在的推铅球。根据国际业余田径联合会规定，比赛用的铅球重量男子为 7.26 千克，女子为 4 千克。推铅球作为现代奥运会的正式比赛项目，男子始于 1896 年第 1 届奥运会，当时的成绩是 11.22 米；女子始于 1948 年第 14 届奥运会，当时的成绩是 13.75 米。目前男子推铅球的世界纪录是 23.12 米，由美国运动员巴恩斯于 1990 年创造；女子推铅球的世界纪录是 22.63 米，由苏联选手利索夫斯卡娅于 1987 年创造的。

自推铅球运动诞生至今，推铅球技术的发展大体上经历了以下五个阶段。

第一阶段(1896年前)：原地推铅球阶段。在这一阶段中先后出现了正面原地推铅球、侧向原地推铅球、背向原地推铅球和上步推铅球等技术。1886年记载了第一个男子铅球(7.257千克)的世界纪录，是10.62米。

第二阶段(1896～1928年)：侧向滑步推铅球阶段。这种技术与原地推铅球技术相比，增加了预先水平速度和有关肌群的预紧张程度，提高了铅球出手的初速度。美国运动员罗斯是这种技术的典型代表，他于1909年创造了15.54米的世界纪录，并保持了19年之久。

第三阶段(1929～1952年)：半背向滑步推铅球阶段。这种技术与侧向滑步推铅球技术相比，加大了最后用力的投掷距离，较充分地发挥了腰部力量。这种技术的典型代表是美国运动员弗克斯，他于1950年创造了17.95米的世界纪录。

第四阶段(1953～1972年)：直线背向滑步推铅球阶段。这种技术与半背向滑步推铅球技术相比，滑步速度快，加速距离长，动作协调合理，并能发挥出腰腿部的力量，有利于提高铅球出手时的初速度。这种技术的代表人物是美国运动员奥布莱恩，他先后10次创造了世界纪录，成为田径运动史上最杰出的运动员之一。1967年另一名美国运动员马特森以21.78米的成绩创造了直线背向滑步推铅球的最高纪录。

第五阶段(1973年以来)：背向滑步与旋转推铅球并驾齐驱阶段。这一阶段是推铅球技术百花齐放的时期。先后出现了以美国运动员费尔巴哈为代表的背向滑步转体推铅球技术，并创造了21.82米的世界纪录。以苏联运动员巴雷什尼科夫和美国职业运动员奥特菲尔德为代表的背向旋转推铅球技术，并分别以22.00米和22.82米创造了世界纪录和世界最好的成绩；以苔默曼为代表的背向滑步“短长节奏”推铅球技术，并创造了23.06米的世界纪录。与直线背向滑步推铅球技术相比，这几种技术更有利于发挥最后用力前的预先水平速度，加长最后用力的工作距离，动员更多的肌群参与工作，从而达到提高铅球出手初速度的目的。

2. 中国推铅球技术的发展

推铅球是我国开展较早的田径运动项目之一。早在1910年第1届全国运动会上，男子铅球就被列为正式比赛项目。女子铅球也于1930年第4届全国运动会被列为正式比赛项目。

20世纪80年代后期到90年代初期是我国铅球运动快速发展时期，尤其是女子铅球达到了高峰。1988年我国有4位女选手突破20米大关，其中河北运动员李梅素以21.76米的成绩，创造了全国和亚洲纪录，排列在当年世界第二位，并以21.06米的成绩获第24届汉城奥运会第三名。接着黄志红又连续夺得1989年第5届田径世界杯冠军，1991年第3届世界田径锦标赛冠军，1992年第25届巴塞罗那奥运会亚军和1993年第4届世界田径锦标赛冠军，在我国铅球运动史上，写下了辉煌的篇章。在此期间，我国男子铅球也有了较大的进步。

辽宁选手马永丰先后9次刷新全国纪录，是我国第一个突破18米、19米大关的男选手。

（二）推铅球技术

推铅球是速度力量型项目。目前在竞技体育比赛中，推铅球技术主要有两种，即背向滑步推铅球和背向旋转推铅球。在此仅介绍背向滑步推铅球技术。为了便于分析，把铅球技术分为握持铅球、滑步前的预备姿势、滑步、最后用力和维持身体平衡五部分。

1. 握持铅球

第一，握球（以右手投掷为例）。五指自然分开，将球放在食、中、无名指根处，拇指和小指扶在球的两侧，手腕背屈。

这样可以增加握球的稳定性，防止铅球滑动，充分发挥手腕和手指的力量，使铅球获得更快的初速度。

第二，持球。握好球后，将球放在锁骨窝处，贴于颈部，下颌向右转，右臂屈肘，掌心向内，上臂与肩齐平或略低于肩，左臂自然上举，两眼平视前方。

握持铅球的方法比较简单，但动作掌握得正确与否，会对滑步和最后用力动作产生较大的影响。握持铅球的动作细节可因人而异，但必须有利于完成后续动作和发挥肌肉力量。

2. 滑步前的预备姿势

预备姿势是滑步前的准备动作，它对铅球运行距离的长短和身体的平衡有重要的作用，并为顺利地进入滑步动作创造良好的条件。滑步前的预备姿势大体上可分为高姿和低姿两种，大多数人采用高姿预备姿势，即持球后，背对投掷方向，两脚前后开立，右脚在前，脚尖贴近投掷圈的后沿。左脚在后，左膝稍屈，以前脚掌或脚尖轻轻点地，上体正直或稍前倾，目视前下方，身体重心压在右腿上。待身体平稳后，上体逐渐前倾，左腿向后上方抬起，左臂自然下垂。然后，右腿弯曲，左腿收回，形成团身姿势。这时，上体要与地面基本保持平行，右膝的投影点要在右脚脚尖的前面，铅球的投影点要在右膝的前面，左膝收至右膝窝处，体重压在右脚前脚掌上，眼睛看前下方2～3米处。

3. 滑步

滑步的目的是使铅球获得一定的水平速度，并为最后用力创造良好的条件。滑步推铅球技术好的运动员，其滑步推铅球的成绩可以比原地推铅球远1.5～3米。决定滑步效果的因素主要有三个方面：一是左腿摆动的力量、速度和方向；二是右腿蹬地的力量、速度和角度；三是左腿摆动与右腿蹬地的协调配合。预备姿势完成后，臀部带动身体重心略向投掷方向移动，使其移离身体的支撑点（右脚），便于滑步和避免身体重心起伏过大。接着，左腿以大腿带动小腿迅速向抵趾板方向摆出并外旋，右腿积极蹬伸，并及时拉收、内旋，两腿摆蹬协调配合，推动身体向投掷方向快速移动，形成最后用力前的良好姿势。

滑步开始时，右脚蹬地的方法有两种：一种是脚前掌蹬地，另一种是脚后跟蹬地。前者动作简单、省力，便于拉收右腿，容易掌握，但右腿蹬地不充分，力量小，蹬地角度大，滑步时易造成身体重心上下起伏较大。后者右腿蹬地充分，力量大，蹬地角度小，能减小滑步时身体重心的起伏，更好地发挥水平速度，但对腿部的力量和灵活性要求较高，拉收右腿动作难度较大。

4. 最后用力

最后用力是从左脚落地前开始至铅球离手结束。最后用力是推铅球技术的关键环节，它对铅球出手初速度的贡献率为80%～85%。动作正确与否直接影响着铅球出手初速度、出手角度和出手高度。

当滑步结束右脚着地时，右腿迅速蹬转，左脚积极着地。滑步结束后，右髋向投掷方向转动，努力保持肩轴与髋轴的扭紧姿势，上体在转动中逐渐抬起。为加快上体转动和抬起，左臂由胸前向投掷方向牵引摆动，使身体由背对投掷方向转至侧对投掷方向。此时肩轴仍落后于髋轴，左臂和左肩高于右肩，体重大部分仍在弯曲而压紧的右腿上，身体形成侧弓姿势，拉长的肌群成待发之势，为躯干最后用力动作创造有利条件。

身体形成侧弓后，右腿继续蹬伸，加速右髋向投掷方向转动和上体的前移，体重逐渐移至左腿，左膝被动微屈。左臂由上向身体左侧靠压制动，同时快速转体，挺胸抬头，用力推球。当铅球将要离手时，右手屈腕，手指有弹性地拨球，以加快铅球出手速度。铅球出手角度一般是35°～39°。

最后用力前，髋轴在前，肩轴在后，两轴形成一定的交叉角，使躯干肌群充分扭紧。最后用力开始后，右腿用力蹬伸，推动右髋转动，使肩轴更加落后于髋轴，从而使躯干肌群得到最大限度的预先拉长。当髋轴转至接近正对投掷方向时，肩轴迅速转动，赶超髋轴，形成自下而上的用力顺序，使下肢和躯干肌肉的力量得到充分的发挥。最后用力过程中，右腿正确的蹬伸用力，能保证髋部正确的运动，而髋部动作将直接影响着转体和身体侧弓动作的形成。左腿的支撑动作非常重要，它可以有效地保证动量转换，从而加快上体和铅球向前上方运动的速度，提高铅球的出手高度，并使铅球获得较大的垂直分力，进而达到理想的出手速度和出手角度。

5. 维持身体平衡

铅球离手后，两腿前后交换，同时身体左转，并及时降低身体重心，以便减缓向前冲力，维持身体平衡，避免出圈犯规。

（三）推铅球教学

推铅球的技术教学可以分为滑步和最后用力两部分。最后用力是教学的重点，滑步与最后用力的结合是教学的难点。

1. 教学步骤与方法

（1）建立背向滑步推铅球的技术概念

①教学方法

A. 通过讲解、示范、观看录像和图片，以及计算机辅助教学等方法，使学生初步了解推铅球的技术。

B. 简要介绍推铅球的发展情况、比赛场地和器材规格。

C. 提出推铅球教学中的安全措施及具体要求，强调安全问题的必要性和重要性。

②注意事项

教学初期对技术的讲解不宜过多、过细，应以技术结构为主，突出技术特点。

2. 学习原地推铅球的技术

①教学方法

A. 讲解原地推铅球的动作要领，突出用力顺序。

B. 徒手做原地推铅球模仿练习。

C. 用橡胶球、实心球、铅球等器械，做原地推铅球练习。

D. 正面单手推橡胶球、实心球或铅球。正对投掷方向，两脚前后开立稍比肩宽，左腿在前，脚尖略内扣，右脚在后，脚尖正对投掷方向，右手持球，贴于颈部。然后上体向右扭转，左臂和左肩稍向内扣，目视投掷方向，利用躯干和手臂的力量将球向前推出。

E. 侧向原地推铅球。左侧对投掷方向，两脚左右开立，右脚与投掷方向约成90°角，左脚与投掷方向约成45°角，站距约一肩半，左脚尖与右脚跟几乎在一条直线上，身体向右倾斜，左脚自然伸直，左脚前脚掌内侧着地。右腿弯曲，体重压在右腿上。然后右腿蹬转，结合躯干和手臂力量将球推出。

F. 背向原地推铅球。在侧向原地推铅球的基础上，两脚左右成“外八字”开立，加大躯干向右转的幅度，推球前上体背对投掷方向。

②注意事项

A. 原地推铅球是推铅球技术的重要部分，教学时数较多，当学生基本掌握原地推铅球的技术后，应及时转入滑步推铅球的完整技术练习。但是后续的教学中，每次课仍要抽出一定的时间进行复习、巩固和提高。

B. 采用橡胶球、实心球、铅球和徒手的各种专门练习，有助于学生获得正确的本体感觉，学会快速发力的方法和正确的用力顺序，不仅对掌握技术有很大作用，而且对发展专项运动素质也有重要意义。因此在教学初期应广泛采用，尤其要选用那些与最后用力有关的练习。

3. 学习侧向滑步推铅球技术

(1)教学方法

①简要讲解侧向滑步推铅球的动作要领。

②徒手侧向滑步练习。

A. 预备姿势。持球后，侧对投掷方向，两脚左右开立，相距20～30厘米，右脚外侧贴近投掷圈的后沿，左脚前脚掌着地，上体正直，目视前方或右前方，身体重心压在右腿上。待身体平稳后，上体逐渐向右侧倾斜，左腿向左上方抬起，左臂自然上举。然后，随着回收左腿，右腿下蹲，形成“团身”姿势。此时铅球的投影点要在身体支点的右边，左腿靠近右腿，体重压在右脚上，眼睛看前下方2～3米处。

B. 上步(前交叉步)练习。持球侧对投掷方向，两脚左右开立与肩同宽，随着左腿弯曲，右腿向投掷方向前交叉侧跨一步，屈腿着地，接着左腿再向投掷方向迈出一步，体重压在右腿上，呈最后用力预备姿势。

C. 徒手侧向滑步练习。团身动作完成后，髋部先带动身体重心略向投掷方向侧移，使其移离身体的支撑点(右脚)，接着，左腿向投掷方向摆出，同时右腿向投掷方向迅速用力蹬伸，上体姿势不变。蹬摆动作完成后，右腿迅速内收，左腿积极落地，形成最后用力预备姿势。滑步时，右脚离地不要过高，以免身体重心上下起伏过大。

③持橡胶球、实心球或铅球侧向滑步练习。

④侧向滑步推铅球练习。

(2)注意事项

①侧向滑步推铅球的教学应在背向滑步推铅球教学之前进行，一是因为前者技术相对容易掌握，二是因为前者可作为后者的一种诱导性练习或辅助性练习手段。

②推铅球的技术教学以背向滑步推铅球为主，侧向滑步推铅球为辅。

4. 学习背向滑步推铅球技术

(1)教学方法

①简要讲解背向滑步推铅球的动作要领，强调两腿的摆蹬配合。

②徒手背向滑步练习。

A. 预摆与团身练习。持球姿势站稳后，上体前倾，左腿向后上方抬起，左臂自然下垂。待身体平稳后，右腿弯曲，左腿收回靠近右腿，形成团身姿势。练习时要求动作放松，身体平稳。

B. 摆动腿的摆动练习。成团身姿势，然后臀部稍向后移，接着左腿以大腿带动小腿向身体后下方用力摆出，带动身体向投掷方向移动，体重落在两腿之间，此时上体仍保持团身时的姿势。开始练习时，可用左手或双手拉着橡胶带或同伴的手进行。

C. 拉收右腿练习。

③持橡胶球、实心球或铅球背向滑步练习。

④背向滑步推铅球练习。

(2)注意事项

滑步技术比较复杂，特别是蹬摆力量的结合。

5. 改进和巩固背向滑步推铅球技术

(1)教学方法

①圈内进行完整技术练习。

②根据个人存在的问题，选择有针对性的练习进行个别辅导与纠正。

③技评和达标。

(2)注意事项

①应根据学生的个人情况,提出不同要求。对每个学生在技术细节和具体要求上,不要强求一致。

②改进技术应以专门练习、诱导性练习和分解练习为主,提高技术应以完整技术为主。在这一阶段,要加强学生教学能力的培养,练习中让学生相互观摩、纠正动作。

6.常见错误动作及其产生原因和纠正方法

(1)推球时手腕、手指用不上力或挫伤手指

①产生原因

A.手腕、手指力量薄弱。

B.推球时右肘下降或没有屈腕拨指动作。

C.推球时手指过于放松。

D.用力顺序不正确,手臂用力过早。

②纠正方法

A.加强手腕、手指的力量练习,如持杠铃杆或轻杠铃屈腕练习等。

B.向下对地推球练习,手腕、手指适当紧张,体会推拨球动作。

C.注意正确的用力顺序,养成自下而上的用力习惯。

(2)滑步距离太短

①产生原因

A.左腿摆动和右腿蹬地力量不够,两腿配合不协调。

B.右腿收腿不积极。

②纠正方法

A.在地上画出右脚落地的标志,要求滑步后右脚落在标志上。

B.徒手或持球做摆蹬结合的练习。

(3)滑步后上体过早抬起,身体重心移至两腿之间

①产生原因

A.右腿收腿动作不好,主要表现在收拉距离短,右腿未落在身体重心下方。

B.滑步中头和非投掷臂过早地向投掷方向转动。

②纠正方法

A.练习者双手或左手拉住同伴或橡胶带做滑步练习。

B.滑步中要始终目视地上2～3米处的标志。

(4)滑步后停顿,不能与最后用力紧密衔接

①产生原因

A.左腿向上摆动,或下落不积极。

B. 腿部力量弱或爆发力较差。

②纠正方法

A. 徒手或持球做滑步摆腿练习，注意摆腿的方向。

B. 加强腿部力量，尤其是爆发力练习。

(5)推球时身体向左倒

①产生原因

A. 上体用力过早。

B. 左臂过分向左后方摆动。

C. 左脚落地的位置过于偏左。

②纠正方法

A. 滑步后保持上体正确姿势和左臂用力方向。

B. 画线限制学生左脚落地位置。

三、掷标枪

(一)掷标枪发展概述

掷标枪是一项历史悠久的运动项目。古代标枪的外形、重量、长度与现代标枪有较大差异，投掷技术、比赛规则也与现在不同。历史上，也曾出现过掷标枪的比赛。现代掷标枪运动是从19世纪末和20世纪初发展起来的。当时开展这一项目的大都是北欧的一些国家，如芬兰、瑞典、挪威等，并取得了优异成绩。在1908年举行的第4届奥运会上男子标枪被列为正式比赛项目。女子掷标枪比赛在1932年的第10届奥运会上被列为正式比赛项目，该次比赛冠军的成绩为43.68米，是由美国运动员迪德里克森创造的。目前男子掷标枪的世界纪录是由捷克运动员泽尔尼在1996年创造的，成绩为98.48米。女子标枪世界纪录是由捷克运动员斯波塔科娃在2008年创造的，成绩为80米。

掷标枪技术的发展也经历了一个漫长的历程。在19世纪末和20世纪初时，运动员投掷标枪时并无固定的姿势，握枪和持枪的方法、助跑的方式和最后用力动作都有较大差异。经过不断的发展和比赛规则的不断完善，现代掷标枪技术基本趋于一致，由国际田径联合会制定的比赛规则也对投掷技术作了严格的规定。投掷标枪时，投掷者必须一手持枪，在助跑道内沿直线助跑后，充分发挥全身力量，以最快的出手速度，经肩上把标枪掷出，标枪落地时，标枪尖应完全落在圆心角为29°的扇形落地区内。

1984年，霍恩创造了104.80米的世界纪录，为保证比赛的安全和裁判的准确性，国际田联决定从1986年改用男子新型标枪，即将标枪重心向前移4厘米，并加粗枪尾直径。目前，国际田联又决定，从1999年4月1日起，将女子标枪的重心前移3厘米，并将重新设立女子标枪世界纪录。由于标枪的重心前移，使标枪在飞行中较早地落地，标枪落地角度大大增加，同时降低了掷标枪的远度。

男子标枪的重量为800克，女子标枪的重量为600克，器械的重量较轻，较为适宜于在青少年中开展。掷标枪也是我国田径运动中发展水平较高的项目之一，我国运动员多次在亚运会和世界田径锦标赛中取得优异成绩，为祖国争得了荣誉。目前我国男子标枪的全国纪录是83.38米，是由湖南运动员张连标于1994年创造的。女子标枪的全国纪录为70.42米，是由天津运动员张丽于1990年创造的。

掷标枪也是适合不同年龄的男、女学生进行身体锻炼的项目。为此，我国还设有少年组和青年组的比赛。在我国的学校体育中，推广与开展这个项目已受到重视。

（二）掷标枪技术

掷标枪的完整技术是一个连续过程。为了便于分析，将掷标枪技术分为握枪和持枪、助跑、最后用力和维持身体平衡四个部分，并以右手掷标枪为例。

1.握枪和持枪

（1）握枪

常用的标枪握法有两种。

第一，现代式握法（拇指和中指握法）：将标枪斜放在右手掌心上，拇指和中指握在缠绳把手末端边沿，食指自然弯曲斜放在枪身上，无名指和小指自然地握在缠绳把手上。

第二，普通式握法（拇指和食指握法）：用右手拇指、食指握在缠绳把手末端边沿，其余手指顺着食指方向握在缠绳把手上面。

目前，标枪运动员多数采用现代式握法。其优点是中指长而有力，有利于增加最后用力的工作距离，发挥更大的力量，便于掷标枪时的鞭打动作和出手瞬间使标枪产生绕纵轴的旋转。

（2）持枪

常见的持枪方法有肩上持枪和肩下持枪两种。目前多数优秀运动员采用肩上持枪法，因为它动作简单，也有利于控制标枪。

肩上持枪：运动员在预备姿势和预跑时，右手持枪于右肩上方，持枪手在头侧耳朵附近，枪尖稍低于枪尾或枪身与地面平行。

肩下持枪：运动员在预备姿势和预跑的前半段，右手持枪，枪尾向前，右臂自然下垂，随跑的动作两臂前后自然摆动，在跑动过程中，右臂举起成肩上持枪姿势。

2.助跑

助跑的目的是使人体和标枪获得一定的预先速度，在投掷步阶段完成引枪和超越器械动作，为最后用力创造良好的条件。

掷标枪的助跑形式为直线。助跑的距离虽然不受比赛规则的限制，但一般采用的助跑距离为22～30米（女子稍短一些）。

在较快的助跑速度下，为了与最后用力紧密衔接，不仅要求整个助跑过程动作自然、流畅、节奏鲜明，而且需要有很好的控制标枪的能力，使标枪在整个运行过程中保持平稳。通常将助跑分为预跑和投掷步两个阶段。

（1）预跑阶段

预跑阶段是从第一标志线至第二标志线的距离。开始助跑时，通常是左脚踏在第一标志线上，迈右腿开始助跑，跑至第二标志线预跑结束，进入投掷步阶段。预跑阶段跑的动作属于周期性的动作，预跑的距离一般为 12～20 米，通常用 8～14 步完成。力量型的运动员通常助跑速度稍慢，预跑的距离较短，而速度较好的运动员预跑的距离较长，以便于更好地发挥速度。

预跑阶段的主要任务是使人体和标枪获得一定速度，为进入投掷步做好准备。助跑速度的快慢，应与运动员的技术熟练程度和身体素质水平适应。随着技术的改进和训练水平的提高，运动员应逐渐提高助跑的速度。

预跑阶段的动作应放松自然，上体保持与地面垂直的姿势，下肢动作基本上同平跑，但跑的动作要富有弹性和节奏，注意逐渐加速和保持助跑的直线性，跑时两眼平视前方。

（2）投掷步阶段

投掷步阶段通常是从左脚踏上第二标志线迈右腿开始，至最后一步左脚落地时止。在这一阶段，要求在较高的跑速中完成引枪、交叉步和超越器械等动作，不停顿地过渡到最后用力。投掷步的主要任务是尽量保持已获得的速度，加快两腿的蹬摆动作，正确完成引枪和超越器械动作，为最后用力创造良好条件。

完成投掷步的形式有两种，即跳跃式投掷步和跑步式投掷步。现代标枪运动员通常多采用较平的跳跃式投掷步，它有利于两腿充分地蹬摆，完成引枪和超越器械。近年来，优秀运动员完成投掷步时，表现出低、平、快的特点，即身体重心的腾起高度较低，运动轨迹较平，发挥较快的助跑水平速度。

投掷步的步数一般是四步或六步，也有采用五步或七步的。当采用偶数步时，迈右腿开始投掷步；反之，迈左腿开始。下面介绍四步投掷步的技术。

第一步：左脚踏上第二标志线后，右腿前摆，同时上体向右转，持枪臂向后引枪，左臂在胸前自然摆动，眼睛注视前方，髋部正对投掷方向。

第二步：右脚落地后积极蹬地，左腿前摆开始投掷步的第二步。此时上体继续向右转动，形成侧对投掷方向的姿势。持枪臂继续后引，在左脚落地时右臂伸直完成引枪动作，引枪结束时，右手与右肩同高，枪头靠近右眉，标枪纵轴与筋轴和肩轴平行。在完成前两步动作中，躯干应基本与地面保持垂直，以避免人体过早减速。

第三步（又称交叉步）：是从左脚落地后右腿积极前摆开始的。左脚落地后，积极蹬伸，右腿以大腿带动小腿积极有力地向前方摆出，使下肢加速向前形成良好的超越器械姿势。

右脚落地时，左腿应位于右脚的前方，以加快左脚落地的时间，这时身体的后倾角为 20°～25°。

第四步：从助跑过渡到最后用力的衔接步。完成动作正确与否，将直接影响最后用力的效果。右脚落地后，右腿被动屈膝缓冲，当身体重心越过右脚支撑点上方时，右腿积极用力蹬地，推动筋部向前运动。左脚落地瞬间，应保持躯干的后倾角。

优秀男子运动员投掷步四步的步长一般是：第一步大，可达到 2 米，以便于完成引枪动作；第二步较大，通常为 1.8～2.0 米，为过渡到后两步打下良好的基础；第三步最大，男子运动员可达到 2～2.2 米，以便有时间做出适宜的超越器械动作，为最后用力做好准备；第四步最小，通常为 1.4～1.6 米，以利于助跑和最后用力的衔接，做好左侧支撑动作。世界优秀运动员最后一步的时间通常为 0.18～0.20 秒。

投掷步阶段应尽量保持预跑段获得的速度，跑的节奏各步也有所不同，通常第一、二步较快，第三步稍慢，第四步最快。世界水平的男子标枪运动员在投掷步阶段的平均速度可达到 6～8 米/秒，女子运动员的平均速度可达到 5～6 米/秒。由于助跑使人体和器械获得一定的预先速度，因而助跑投掷可比原地投掷成绩提高 20～30 米。

3.最后用力

投掷步的第三步右脚着地后，右腿被动屈膝缓冲，身体继续向前运动，在身体重心越过了右脚支撑点上方时(左脚还未着地)，右腿积极蹬伸用力。左脚着地时，左腿做出有力的制动动作，可加快上体向前的运动速度。右腿的继续蹬地，推动右髋加速向投掷方向运动，使髋轴超过肩轴，并带动肩轴向投掷方向转动。在肩轴向投掷方向转动的同时，投掷臂快速向上翻转，使上体转为面对投掷方向，形成满弓姿势。此时投掷臂处于身后，与肩同高，与躯干几乎成直角。

形成满弓后，胸部继续向前，将投掷臂最大限度地留在身后，右肩部的肌肉最大限度地伸展。由于向前惯性的作用，左腿被迫屈膝，但随即做迅速有力的充分蹬伸，同时以胸部和右肩带动投掷臂向前做爆发性鞭打动作，并使用力的方向通过标枪纵轴。

在最后用力时，合理的用力顺序是取得最大出手速度的关键。从右腿落地后的及时发力至右臂的快速鞭打和标枪出手，人体各环节形成一个完整的运动链，人体参与用力的各环节肌肉群自下而上按照严格的顺序依次用力，使人体各环节依次加速和减速，实现了动量的传递，并获得最大的出手速度。掷标枪时身体各环节和标枪的速度变化，反映了最后用力时身体各部位的用力顺序和相互的衔接。

由于标枪的出手速度是助跑速度和投枪速度的合速度，为了提高助跑速度的利用率，在现代掷标枪技术中，越来越重视助跑和最后用力的衔接动作。为了做好衔接动作，运动员在交叉步时身体不应腾空过高，在右脚着地后，应及时发力，左脚应主动快落，并做好制动和支撑用力动作。

在最后用力时，身体左侧的支撑和用力动作对于投掷成绩起着至关重要的作用。在左脚触地时，左腿强有力的支撑动作可为最后用力提供一个牢固的支撑点，可以大大加快上体向前的速度，左膝关节短暂的屈膝缓冲和快速蹬伸用力可提高人体和器械向上的垂直速度和出手高度。在最后用力过程中，左臂的适时、快速摆动和制动可有效地加快身体右侧向前运动的速度，提高标枪的出手速度。

4. 标枪出手后的身体平衡

标枪出手后，保持身体平衡是全过程的结束动作，能够有效地防止人体越过投掷弧而造成犯规。标枪出手后，右腿应及时向前跨出一大步，降低身体重心，以保持平衡。为了保证最后用力时运动员可以大胆向前做动作而又不犯规，最后一步左脚落地点至投掷弧的距离应在 2 米以上。

（三）掷标枪教学

在掷标枪教学中，最后用力的技术以及助跑和用力的衔接是教学重点，在各个教学阶段应予以重视，教学时应注意将分解动作和完整技术的教学相结合，以保证投掷技术的完整性。

1. 教学步骤与方法

（1）建立正确的掷标枪技术概念

①教学方法

A. 简单讲解掷标枪的比赛规则、场地和器材。

B. 简单讲解掷标枪的技术，观看技术图片、录像，教师讲解和示范。

②注意事项

使学生了解掷标枪的技术、场地和器材，对学生进行安全教育。

（2）学习标枪的握持方法和各种专门练习

①教学方法

A. 学习握枪方法。右手握住标枪缠绳把手，拇指和中指对扣在把手的后端末圈。

B. 学习肩上持枪法。持枪时，将标枪置于肩上，靠近头部，标枪与地面保持平行。

C. 鞭打练习。右手持小树枝，采用原地正面和侧向投枪的预备姿势，然后快速向前上方的标志物做鞭打动作。

D. 转肩成满弓姿势。持枪或用其他器械，身体侧对投掷方向，右腿在前，左腿在后，上体后倾，右腿弯曲，持枪臂向后伸直，左手握住标枪的枪头。用力时，左腿向前迈一步，右腿蹬转，向前送髋，右臂翻转至肩上，上体转成正对投掷方向，成满弓姿势。

②注意事项

持枪臂放松自然，鞭打动作快速有力。

（3）学习原地和上步掷标枪

①教学方法

A. 原地正面插枪。两脚前后开立，左脚在前，右手持枪，枪尖低于枪尾，尽量将标枪置于右肩后上方，用力时将标枪向前下方6～8米处掷出，并尽量使枪尖先着地。

B. 原地侧面插枪。两脚前后开立，左脚在前并靠近右腿，体重放在右腿上，身体侧对投掷方向，投掷臂向后伸直，标枪指向前下方。用力时左腿向前迈一步，翻肩转体，利用两腿蹬地和振胸力量，以胸带臂将标枪向前下方8～10米处掷出，标枪落地时最好能插在地上。

C. 原地侧向投枪。预备姿势为两腿前后开立，左腿靠近右腿，身体侧对投掷方向，投掷臂向后伸直，标枪指向约为30°的前上方。用力时左腿向前迈一步，翻肩转体，利用两腿蹬地和振胸的力量，以胸带臂做好鞭打动作将标枪向前上方掷出。

D. 上步掷标枪。预备姿势同原地侧向掷标枪。上步的步数通常为3～4步，上步后将标枪掷出。

②注意事项

A. 做好翻肩的动作，掌握自下而上的用力顺序，鞭打动作快速有力，用力方向应通过标枪纵轴。

B. 预备时标枪头位于前额附近，用力时积极蹬伸右腿，形成髋关节在前、肩在后的满弓姿势，翻肩后要使标枪保持正确的角度和方向。

C. 上步掷标枪向前迈步时，两腿积极用力蹬摆，获得向前的速度，左臂在体侧前后协调摆动，上体不要主动后倒。在倒数第二步时依靠下肢动作积极向前超越器械，上步动作和最后用力紧密衔接。控制好标枪的角度和方向。

(4)学习投掷步掷枪

①教学方法

A. 原地引枪。面对投掷方向站立，左脚在前，肩上持枪。引枪时，上体向右转，同时投掷臂向后伸展，沿标枪纵轴延长线引枪。

B. 走步引枪。面对投掷方向，左脚在前，肩上持枪。迈右腿时上体向右转，投掷臂向后伸展引枪，迈左腿时投掷臂伸直。完成引枪时，身体应侧对投掷方向。

C. 慢跑中引枪。预跑若干步，然后用两步完成引枪。动作要自然连贯，与下肢协调配合。

D. 引枪接交叉步。持枪或小树枝做引枪按交叉步的走步练习，然后跑步做此练习。

E. 持枪做连续交叉步跑。身体侧对投掷方向，两脚前后开立，右臂持枪后引，两眼注视投掷方向，然后两腿有力蹬摆向投掷方连续做交叉步练习。

F. 投掷步投枪(跑四步)。面对投掷方向站立，跑两步完成引枪，然后接交叉步和最后用力，将标枪掷出。

②注意事项

学习引枪时要注意保持标枪的稳定性，上步时两腿协调用力，加大蹬摆动作的幅度；在最后一个交叉步做出超越动作，上体不要主动后倒。注意开始引枪和完成引枪的时间。

(5)学习全程助跑掷标枪技术

第一，教学方法：①20～30米持枪跑。②持枪跑接投掷步。③短程助跑掷标枪或小垒球。④全程助跑掷标枪。

第二,注意事项:持枪助跑或全程助跑掷枪,先在慢速助跑中进行,然后逐渐加快助跑的速度。在练习助跑投掷时,应特别强调动作的连贯性和节奏。从预跑、投掷步至标枪出手,动作要连贯。全程助跑投掷前,应先确定助跑步数,测量助跑距离,反复练习,达到基本稳定。助跑与投掷动作要协调配合,不要急于追求成绩,防止影响完成动作的准确性。

(6)改进和提高掷标枪技术

第一,教学方法:①在助跑道上全程助跑投枪。②针对个人在技术上存在的错误,选用不同方法,改进和完善技术。

第二,注意事项:在学生掌握助跑投掷的基础上,介绍不同形式的投掷步和引枪动作,根据学生特点,选择适宜的投掷技术。要及时指出学生在技术上存在的错误,提出纠正的方法。分组练习时,应将教学重点放在完成动作的质量和培养学生分析技术、发现和纠正错误动作的能力方面。

2.常见错误动作及其产生原因和纠正方法

(1)鞭打动作效果较差

第一,产生原因:肩关节灵活性差,投枪时上体过早前移,没有及时翻肩,翻肩时标枪离开身体,鞭打时投掷臂的肘关节没有弯曲。

第二,纠正方法:①多做发展肩关节柔韧性的专门练习。②用橡皮条做翻肩转体成满弓姿势的练习。③持小树枝做鞭打练习。

(2)投掷步明显减速,助跑与用力衔接不好

第一,产生原因:①预跑阶段速度过快,动作失控,以致最后用力前被迫减速。②引枪时上体主动后倒,后倾幅度过大。③第三步(交叉步)腾空过高,影响向前的水平速度。④交叉步落地时左脚还在右脚后方,左脚落地速度慢,时间长。⑤交叉步右脚落地后,右腿不能及时发力。

第二,纠正方法:①调整预跑阶段的速度。②多做慢跑和加速跑中引枪,保持上体正直。③反复练习投掷步的第三、四步动作,强调动作节奏。在第三步右脚着地前左腿要积极向前迈出。④做右腿蹬转用力的模仿练习和各种跳跃练习。

(3)最后用力时左腿的蹬伸不充分,臀部下坐

第一,产生原因:①右腿蹬地无力。②投掷步的最后一步过大,在很大的向前惯性力和重力作用下左腿不能及时蹬伸。③左腿力量较差。

第二,纠正方法:①多做上步投掷的练习,强调两腿用力的衔接。②设定标志练习。在跑道上画好第三、四步规定的距离标志,严格按标志练习,限制最后一步的步幅。③进行各种跑跳练习,加强下肢的快速力量,强调左腿在最后用力时积极蹬伸。

(4)掷标枪时,用力不能通过标枪纵轴

第一,产生原因:①握枪方法不正确。②引枪时,持枪的手臂过低,转肩和满弓时标枪的仰角过大或与前臂的夹角过大。③转肩时,肘关节位置低于肩,用力时向下拉枪。④标枪出

手的时间过晚。

第二，纠正方法：①改进握枪方法。②引枪、交叉步和转肩时注意控制标枪的角度和位置。③多做正面和侧向的插枪练习。

(5)用力顺序不对

第一，产生原因：①对用力顺序的概念不清楚。②右腿发力不及时，上体过早前移，没有形成满弓姿势。

第二，纠正方法：①采用持器械的专门练习，如单手投掷实心球、沙袋等，体会正确用力顺序。②多做上步掷标枪练习。③成投掷前的预备姿势，右臂后伸拉住橡皮条，反复做最后用力的右腿蹬伸送髋动作。

四、掷铁饼

铁饼运动是在投掷圈内通过旋转，用单手将铁饼掷出，比赛投掷距离的比赛项目。掷铁饼在公元前 708 年第 18 届古代奥林匹克运动会上就被正式列为竞赛项目，同时也是“五项全能运动”项目之一。

根据文献记载，掷铁饼最早来源于一些掷石片的活动。在远古时期，古人类为了获得生活物资，常用石块去投掷飞禽走兽；在采集高大植物的果子时，也常用石块投掷、打击树枝，使果子掉下，便于人们的采集。这是一项和人们日常生活密不可分的运动，它既是人们的生活活动之一，也是一项自然而令人获得满足的运动。在空中飘掷或在水面上滑掷扁形的石块，可能是向投掷铁饼项目演进的第一步。

在古代奥林匹克运动会的掷铁饼比赛中，所用的铁饼最初是用石头制成的，形状是略成圆形，且中心厚度较周边大，后来才逐步演变成用各种金属(如铁、铜、铝等)制作的铁饼。据考古挖掘的史料证明，古代铁饼的直径大部分为 15.24～22.86 厘米，重量为 1.36～4.08 千克，另外也有直径 27.94 厘米，重量达 6.80 千克的，那是为了在训练或竞赛中分别给少年及成年运动员使用的。当时在铁饼的表面，一般都刻有记载事物的文字，有的还饰有某种造型及竞技者的画像等。

现代奥运会史上，曾有过双手掷铁饼的比赛项目(左手和右手)。掷铁饼技术经历过原地投、侧向原地投、侧向旋转投、背向旋转投几个发展过程。铁饼可用木料或其他适宜材料制作如橡胶，男子铁饼重 2 千克，直径 22 厘米；女子铁饼重 1 千克，直径 18.1 厘米，中心用水填满。比赛时，运动员应该在直径 2.50 米的圈内将铁饼掷出，铁饼必须落在 40°的角度线内方为有效。2002 年《田径竞赛规则》规定，从 2003 年 1 月 1 日起，铅球、链球、铁饼项目落地区标志线的内沿延长线的夹角，由原来的 40°改为 34.92°。男、女铁饼分别于 1896 年和 1928 年被列为奥运会比赛项目。

现代铁饼运动于 20 世纪初传入中国，中国选手在世界大赛上屡创佳绩，但仍与欧美等国家有一定差距。

(一)掷铁饼技术

背向旋转掷铁饼技术包括握法、旋转、最后用力和维持身体平衡几个部分。

1.握法(以右手投掷为例)

五指自然分开,拇指和手掌平靠铁饼,其余四指末节扣住铁饼的边缘,手腕微屈,铁饼上缘靠于前臂。铁饼握好后,持饼臂自然放松下垂于体侧,握饼时五指分开的大小和四指末节扣住铁饼边缘的多少,可以根据自身情况适当调整。

2.旋转

(1)预备姿势和预摆动作

预摆的目的是使投掷者获得最有利的投掷状态。投掷者背对投掷方向,两脚左右分开,比肩略宽。站立于投掷圈投掷方向中线的两侧,双膝微屈,两脚平行,左脚尖稍稍离开投掷圈后沿。在预摆过程中要转动躯干,尽量将铁饼向右后方摆动,同时身体重心逐渐移至右腿之上。在预摆结束时形成人体的充分扭紧。

(2)进入旋转

预摆结束后,右脚稍蹬地,以左前脚掌为旋转轴,左脚尖、左膝和左臂同时向投掷方向转动,投掷臂充分伸展并保持在身后。保持较低身体重心,躯干稍稍前倾,体重由右腿逐渐移向左腿,形成左侧旋转轴。进入旋转时,身体重心由右腿向左侧旋转轴移动得充分与否,以及人体能否保持良好的超越器械状态,对于后续技术动作的顺利完成尤为重要。

(3)旋转

旋转的目的是使人体和铁饼在最后用力之前获得一定的预先速度,并形成人体充分扭紧和超越器械,同时为最后用力形成有利的预备姿势。当体重移至左腿过程中,左膝、左肩和视线转向投掷方向,形成身体左侧旋转轴。右腿以大腿带动,右脚贴近地面,沿大半径围绕左侧旋转轴摆动。身体重心通过弯曲的左腿时,左脚稍蹬地推动身体重心向投掷圈的中心移动。左脚蹬离地面进入人体腾空状态。在保持上肢充分伸展的同时,右髋迅速向内转动,缩小下肢转动半径和提高角速度,取得身体的进一步扭紧和超越器械。右脚以前脚掌积极着地于投掷圈中心附近,并且不停顿地快速转动。体重压在右脚上,形成以身体右侧为轴的单腿支撑旋转。同时左脚迅速后伸外旋,以前脚掌内侧主动落地,形成投掷最后用力预备姿势。整个旋转过程中注意投掷臂和铁饼置于身后,躯干跟随骨盆和双腿转动,保持较低的身体重心。

3.最后用力

最后用力是掷铁饼完整技术中最重要的阶段,它的主要目的是进一步为铁饼加速,并形成铁饼出手的适宜初始状态。在这个阶段中,人体用力工作距离越长,作用于铁饼的力量越大、速度越快,则铁饼出手时的初速度就越大,加之合理的出手角度和适宜的飞行状态,投掷距离就越远。

最后用力动作完成的质量，主要取决于以下三方面因素：

第一，形成正确的最后用力预备姿势。

第二，旋转与最后用力连贯衔接。

第三，动员全身最大力量，在人体一器械系统预先获得的旋转速度基础上，继续大幅度地为铁饼加速，直至铁饼出手。

在右脚落地之后不停顿的转动过程中，左脚在投掷圈投掷方向中线稍偏左贴近投掷圈前沿处积极落地。在右腿支撑体重、人体充分扭紧和超越器械的最后用力预备姿势基础上，右髋、右腿迅速向投掷方向转动，有力地带动躯干和投掷臂运动，促使铁饼沿最大弧线向投掷方向加速转动。左侧身体形成有力支撑，使身体右侧和铁饼绕左侧轴转动。当右髋的转动接近投掷方向时，边转动边向前送髋并蹬伸右腿。左肩和左臂也加速向左转动，拉长胸部肌群。这时铁饼已沿大半径运行到右肩后方比肩略低的部位。随着右腿继续蹬转用力，身体重心向支撑的左腿移动。与鞭打出手动作相配合，身体左侧轴保持稳固并积极支撑用力，在此基础上躯干和投掷臂以爆发式迅猛用力完成以胸带臂的鞭打出手动作。铁饼出手瞬间，身体重心达到最高。整个旋转过程中注意将投掷臂和铁饼置于身后，躯干跟随骨盆和双腿转动，保持较低的身体重心。

4. 维持身体平衡

铁饼出手后，为了避免犯规，投掷者应降低身体重心，及时交换两腿位置，并随转动惯性转体维持平衡。

（二）掷铁饼教学特点与注意事项

1. 教学特点

掷铁饼完整技术动作涉及人体的转动、平动和抛物线运动，是田径运动中技术较为复杂的项目。因此在教学中也呈现出鲜明的项目特点。

（1）多种教学手段的联合运用

掷铁饼技术的相对复杂性决定了教学过程中注重采用多样化教学手段的必要性。把分解练习与完整练习、徒手模仿练习与持器械练习、慢速练习与快速练习、改进技术练习和专门能力练习等正确地结合起来，是取得良好教学效果的基本操作方式。

（2）不同阶段内容的循序渐进

掷铁饼技术教学过程具有较强的系统性，在不同学习阶段由浅入深、循序渐进地组织练习内容是掷铁饼技术教学的另一个特点。在教学开始阶段，先采用观看技术图片、录像和实际技术观摩等各种直观手段让学生建立正确技术概念，然后通过学习握法、摆饼和滚饼等实际练习熟悉铁饼性能，进而学习正面和侧面原地掷饼技术，最后通过各种旋转技术的分解练习过渡到完整旋转掷铁饼技术的学习。不同学习阶段练习内容的循序渐进是系统掌握铁饼投掷技术的有效途径。

2. 注意事项

掷铁饼教学过程既要遵循各项教学原则，又要考虑到学生和项目本身的特点，因而应注意下列事项。

第一，保证练习内容的安全性，严格执行安全措施：对于初学者，通过旋转掷出铁饼时要较准确地控制方向难度较大，因此在练习过程中对安全问题应予以高度重视。掷铁饼技术教学中制定和执行确保全体人员的安全措施极为重要，这些措施包括必须听从教师口令才能持铁饼练习、必须向同一投掷方向练习和统一捡回铁饼、旋转投掷时其余学生站在护笼后观看等。

第二，将技术练习内容与专项素质练习有机结合：将技术练习内容与专项素质练习有机结合，是掷铁饼专项训练的一项重要要求，同时也是技术教学改进过程中的有效方法之一。一些技术弱点往往是由于某项专项能力的不足造成的，如旋转过程双腿动作迟缓和重心偏高往往是由于下肢力量和协调性较弱所致，通过各种负重和跑跳练习来克服上述能力的不足，就可以明显改善技术质量。

五、掷链球

掷链球原是流行于爱尔兰、苏格兰民间的古老运动项目。尽管这种投掷器械的形状与结构经历过多次演变，但世界上仍以 16 世纪时矿工用以投掷的铁锤（hammer）来命名。而在中国则以它目前的形状和结构命名，称为链珠。

掷链球是田径运动中唯一用双手持器械进行投掷的运动项目。比赛时，在周围设有“U”形护笼、直径为 2.135 米的圆圈内，运动员借助于快速的连续旋转将链球掷出，被掷出的链球球体必须落在 40°角的扇形区内方为有效。链球从把手内侧至球体远端的全长为 117.5～121.5 厘米，球体直径为 102～120 毫米，重量为 7.26 千克。

掷链球是旋转的投掷运动，通过连续加速的旋转，使链球产生越来越大的离心力，这个离心力是最后用力能量的储备，它的大小直接关系着掷链球的远近，如把 7.26 千克的链球掷到 70～80 米远，作用在人体的离心力为 300～350 千克。因此，使链球有效地加速，同时又维持好身体的平衡，处理好离心力与向心力的关系，是掷链球技术关链所在。

（一）掷链球技术

掷链球时，运动员用双手持链球在投掷圈内，以旋转的动作形式，使链球逐渐获得加速，最后将链球掷出。链球飞行的远度取决于链球出手初速度和出手角度。初速度的大小与旋转的角速度和旋转半径有直接关系。因此，在投掷过程中，要求运动员以最快的旋转速度、最大的旋转半径，获得最快的出手速度。通常把掷链球技术分为握持链球、旋转、最后用力和维持身体平衡四部分。

1. 握持链球

投掷链球时，通常采用扣锁式握柄方法。这种方法（以向左旋转投掷为例）是将链球的把柄放在左手食指、中指和无名指中段指节末节，手指关节弯曲成勾形，勾握把柄。掌骨关节相对伸直，右手指扣握在左手指的指根部，右手的拇指扣握左手食指，左手拇指扣握右手拇指，两拇指交叉相握，成扣锁式握法。

2. 旋转

掷链球的旋转技术包括预备姿势和预摆、进入旋转和旋转几部分。

（1）预备姿势和预摆

①预备姿势：运动员背对投掷方向站立在投掷圈后沿，两脚开立，距离同肩宽或略宽于肩，以适合运动员预摆和进入旋转为度。左脚站于靠近投掷方向中心线，右脚稍远。两膝关节弯曲，向前倾向右转，体重稍偏右，链球放在圈内身体右后方，两臂伸直。有的运动员将链球放于体前圈外，身体稍前倾，两臂伸直。预摆时将链球提离地面，由体前摆至右后方，然后进行预摆，这样可使动作更加自然放松。

②预摆：预摆是从预备姿势开始，链球绕人体纵轴线由高点到低点的椭圆形运动。其目的是使链球获得适宜的预先速度，为平稳地进入第一圈旋转创造有利条件。预摆动作要做到放松、自然、协调，而髋关节对链球反拉方向的补偿动作在预摆中是十分重要的。投掷者一般采用两周预摆。

第一周预摆动作是从两腿蹬伸、上体直立左转拉伸两臂开始的，使链球从身体的右后方沿向前—向左—向上做弧线运动。随链球向前移动，体重逐渐从右腿移向左腿。当链球摆至体前、肩轴与髋轴相平行时，两臂充分伸直。随后链球向左上方运动。当链球摆到左侧高点时屈两肘，两手位于额前上方。当链球通过预摆斜面高点后，两臂逐渐伸直，体重移向右腿，左膝稍屈，肩轴向右自然扭转 70°～90°。此时链球由上经身体右侧向下摆至低点，然后紧接着开始第二周预摆。第二周预摆链球运行斜面一般与地面的夹角较小，速度加快，幅度增大，对人体的拉力相应增大。

（2）进入旋转

当预摆最后一圈链球运行至中心线时，肩轴与髋轴平行，投掷者两膝弯曲，重心降低，两臂伸直成等腰三角形，两脚用左脚前掌与右脚的前掌内侧支撑转动，待链球向左上方高点移动时，重心左移，右脚蹬离地面进入单支撑旋转。

（3）旋转

旋转是掷链球的关键技术环节。通过旋转，使器械获得较大的运行速度，积累动量，并形成身体良好的超越器械，为最后用力创造有利条件。

旋转要求人体与链球形成一个整体，有稳固的旋转轴和较大的旋转半径，并要求在身体良好平衡的基础上，变换支撑形式，协调用力，逐渐加速，节奏明显。应充分利用双支撑使链球加速旋转，缩短单支撑时间。力求加长链球绕人体的旋转半径，加快旋转的角速度。

第一圈旋转是接最后一圈预摆开始的，当链球摆至身体右侧与肩平时，两腿弯曲，两臂伸直，球随骨盆与上体左转。当球运行至身体前方（中心线）肩轴与髋轴平行时，向左转髋，同时两脚开始左转，左脚以前脚掌、右脚以前脚掌内侧支撑地面，分别左转约90°和60°，上体随之向左转90°，伸直的两臂随着身体的左转大幅度地将球送向左前上方，右脚随即蹬离地面，右腿膝屈靠近左膝主动绕左腿旋转，身体重心移至左腿，进入单支撑转动阶段。此时要特别注意重心的跟进，右脚要积极地蹬离地面，抬向左腿，使身体很快进入以左肩至左脚为垂直轴的转动。在球超过高点时，左脚积极转动，左膝加大弯曲并下压，右腿配合左腿积极下压，右脚掌在指向270°的方向处积极着地完成第一圈的旋转。单支撑阶段的旋转，骨盆和两腿、两脚要特别主动，使链球在高点运行时能放出去，从高点向低点运行时能把链球拉回来，完成超越器械。

（4）第二、三、四圈旋转

当代掷链球旋转中四圈旋转与三圈旋转的技术结构基本相同，只是三圈旋转技术第一圈旋转节奏较快，四圈旋转技术链球运行轨迹较长。四圈与三圈旋转技术的共同点是链球轨迹的斜面第一圈都较平展，以后几圈旋转轨迹的斜面逐渐加大直到出手。

第二、三圈旋转与第一圈旋转有不同的要求，但动作结构基本相同。后三圈旋转主要是给器械加速，是人带球转，球体运行斜面逐渐加大，髋要挺出去，使旋转沿左肩至左脚的垂直轴稳固加速旋转。

第四圈旋转是第三圈旋转右脚着地开始的。随链球加速下行，两脚和髋左转约80°，由于离心力的继续增大和转速的进一步加快，链球的低点左移约40厘米，使链球的低点处于身体的左下方。第四圈双支撑更加短暂，髋部前挺，紧接着就是左脚和右脚的旋转进入单支撑阶段，链球更早地进入上行路线。随链球上行右膝上抬内扣和靠近左膝进入以左脚外侧支撑的单脚支撑阶段，链球斜面比第三圈又升高。左脚外侧向左脚掌的旋转提前，左膝弯曲下压，在链球通过高点下行时，左膝蹲得较深。由于离心力的加大和转速的加快，躯干左倾角度加大，右脚着地更早（右脚着地约与左脚弓平行），此时身体处左倾状态。

3. 最后用力

最后用力是掷链球技术的主要组成部分，直接关系到出手速度、角度和出手高度。最后用力是在最后一圈旋转单支撑阶段结束右脚着地后开始的。最后一圈右脚着地，下肢动作充分超越上体和链球，髋轴与肩轴最大限度地扭紧，两肩两臂充分伸展，链球处在远离身体的右后上方，双膝弯曲，身体重心稍偏左。由于最后一圈转动速度较大，链球高速向下运行，身体重心右移，腰部与躯干带动链球向左扭转。当链球运行至身体的右前侧时，身体重心移至双腿，弯曲的双膝开始蹬伸，身体重心左移并升高，链球沿身体左侧弧线上升。此时左侧做强有力的支撑，右脚左转蹬送，躯干左转并挺伸，头部后仰，当链球快速运行上升至左肩高度时，两臂挥动将链球顺运行的切线方向和理想角度掷出。

4. 维持身体平衡

为保持身体平衡和防止犯规，链球出手后要转体换腿，降低身体重心。

(二)掷链球教学特点与注意事项

1. 教学特点

掷链球是技术较为复杂的投掷项目，对身体素质要求较高，既要顾及加大旋转半径，又要形成一个稳固的旋转轴。教学重点应该是掌握“人—链球”体系这一当代掷链球的运动模式特点。在教学中应集中学习技术，在旋转中把握好身体的位置和链球所处的方位及旋转空间的控制。在完整技术的教学中，强调旋转动作的规范化。学习旋转技术时，要遵循由易到难的原则，注意单个旋转到连续旋转动作的贯穿，分解技术与完整技术的搭配，课与课、阶段与阶段的衔接。

2. 注意事项

第一，预摆技术教学可放在首位，让学生体会髋、躯干扭转动作，体会链球技术的用力特点。

第二，学习预摆后再学习旋转技术。旋转技术是掷链球技术的关键部分，应作为教学的重点。

第三，旋转一圈的技术基本掌握后，应接着学习掌握连续二、三、四圈，使连续旋转技术熟练地掌握。

第四，进行旋转技术的教学时，首先应徒手进行，其次持木棍练习，最后持轻球或标准球练习。

第五，最后用力的教学，使学生体会由下肢到躯干的用力。

第三章　田径运动教学对学生体质发展的促进作用

第一节　田径运动教学促进身体形态的塑造

身体形态方面的影响主要体现在改变身体成分，增强肌肉力量，塑造理想身材曲线。人体的各种各样运动过程，实际上是肌肉的收缩和舒张的过程。田径运动教学可以通过运动刺激肌肉，使肌肉保持正常的张力，增强肌肉的力量和耐力。经常参加田径运动教学会使骨的形态发生明显变化，由于锻炼迫使肌肉发生运动，间接使肌肉附着处的骨突增大，骨外层的密度增厚，骨松质在排列上能适应肌肉在外界运动下的拉力和压力的作用，这就使骨变得粗壮和坚固。田径运动教学过程中，肌肉反复用力做功，可以刺激肌肉细胞中有关能量代谢、蛋白质合成等酶活性的增加，因而提高肌肉细胞中能量代谢的能力，促进肌肉蛋白质的合成，达到增强肌肉力量和耐力的目的。

经常运动可使肌肉保持正常的张力，同时使关节保持较好的灵活性，进行适当的力量练习，可以有效地增强关节周围的肌肉力量，防止关节周围及其他部位的肌肉、肌腔和韧带的损伤。同时，田径运动教学能够促进身体血液循环，增加骨骼生长所需要的营养物质，加速造骨过程。另外，田径运动教学对人体的内分泌也有良好的影响，可以刺激骨骼的生长，所以对身体长高有一定的作用。经常在户外锻炼，由于阳光中紫外线照射，可使皮肤中的物质转化成维生素，以促进磷、钙的吸收，增加制造骨骼原料，也有利于骨的生长发育。据调查，经常参加田径运动教学比不经常参加田径运动教学的人身高要高4～8厘米。

一、肌肉体积的增加

从田径运动教学和训练的表象来看，明显的变化是肌肉体积的增大，主要表现在各种围度的增大。不同的专项运动对不同部位肌肉体积的增加有不同的影响。肌肉体积的增加是因为肌纤维的增粗还是肌纤维数量的增加，还没有足够的实验证明。但是，肌纤维的增粗还应该包括更多细胞内容物的增加和增大。

二、肌纤维中线粒体的数量和体积增加

在田径运动中，快缩肌纤维和慢缩肌纤维中的线粒体数量都有所增加，其中前者明显，

线粒体的增加为肌肉提供了更多的能量以满足耐力的需要。随着训练时间的延长，每100平方微米线粒体的数量和体积不断增加，到第28周时线粒体的数量和大小已接近优秀运动员。大运动量和超常运动的急性实验表明，随着运动量的增加，肌纤维的超微结构发生显著变化，主要表现在线粒体方面。从浓缩到扩张，基质电子绝对数、外膜面积、膜蛋白和膜磷脂含量显著增加，以满足训练需要。

三、田径运动教学可使动脉壁内膜、弹性纤维和平滑肌增厚，血管壁弹性增加，使其强烈波动，有利于血液流动

随着肌肉内部毛细血管的增多，体力活动可以改变骨骼肌中毛细血管的数量和形状。系统训练后，肌纤维间毛细血管的平均分布数量增加，静态负荷大于动态负荷。然而，报告显示，在力量训练后，毛细血管和肌肉纤维的数量，以及毛细血管数量的比例没有变化。经常参加运动的人呼吸器官的结构和功能会发生良性变化。让骨骼的轮廓变得美观，胸围变大。使呼吸肌逐渐发达，肺活量增加。因为运动促进了肺的良好发育，肺泡的弹性增加，有利于气体交换。

第二节　田径运动教学促进人体机能的完善

一、田径运动教学对心脏功能的影响

人在参加田径运动教学时，体内能量消耗的增加，代谢产物增加，即收缩的力量加大，血液循环量增加，次数增加，从而保证体内较高的新陈代谢水平的需要。运动时，心脏功能的变化也就成为心脏功能改善的因素，如果长期坚持科学锻炼，能使心脏结构机能上得到提高、改善。一般人的心容积为700mL左右，而运动员为1000mL以上，这在生理上称为工作性肥大。心脏呈工作性肥大，是不是人存在疾病呢？与此相反，心脏呈工作性肥大使心脏的收缩有力，每次搏动的心血输出量增加。平常人每分钟心跳（心率）约为70次左右，然而，拥有心脏呈工作性肥大的运动员约为60次左右，优秀长跑运动员约为40次左右。这样的心脏不仅不容易疲劳，还有较大的储备功能，这当然是很好的。大学生经常科学地参加田径运动教学，可使心脏在结构机能方面明显改善。

二、田径运动教学对呼吸系统的影响

人体的所有运动都需要消耗一定的能量，而这些被消耗的能量来源于人体内的能源物质，身体因运动被消耗体力所需的能量需要一个氧化过程，即把体内的能源物质变成能量来供应身体运动。而这个氧化过程人体必须经过吸氧排放二氧化碳。在这一过程中参与的器

官总体称为呼吸系统。在田径运动教学的过程中，肌肉活动的能量增加，就要消耗大量的养料和氧气，排出大量的二氧化碳。这就促使呼吸系统加倍工作，从而使呼吸系统得到锻炼，机能得到改善。

(一)增加肺活量

呼吸系统机能改善，主要是指呼吸肌水平增加，一般人的呼吸差只有5～8厘米，而经常参加田径运动教学的人呼吸差可增加到9～16厘米，呼吸肌力量的增加可以使肺活量增大。肺活量是指在不限时间的情况下，一次最大吸气后用尽最大力量所呼出的气体量。它代表了一个人呼吸的最大通气能力，也是反映人体生长发育水平和评价呼吸机能的重要指标。肺活量因年龄与性别而异，男性明显高于女性，经常参加田径运动教学的人又要比一般的人要大得多。研究表明，人体的肺活量和最大吸氧量与身高、体重、胸围、坐高、体表面积等关系密切，将肺活量/体重作为一种相对值，对不同年龄、性别、地区、种族、不同锻炼项目的个体或群体进行比较评价，更能客观地反映他们之间的差异，更能进行客观的评价，指数值越大自然肺功能就越好。经常参加田径运动教学，可使呼吸肌力量增强，胸廓扩大，有利于肺组织的生长发育和肺的扩张，使肺活量增加。另外经常做深呼吸运动，也可促进肺活量的增长。大量实验证实，经常参加田径运动教学的人，肺活量高于一般人。

(二)增加肺通气量

经常参加田径运动教学的人，在增加呼吸深度的前提下，适当地增加呼吸频率，可以使运动时心肺通气量大大增加。研究表明，一般人在运动时肺通气量仅增加到60升/分左右，有田径运动教学习惯的人达100升/分以上。

(三)增加氧利用能力

田径运动教学不仅可以提高肺的通气能力，更重要的是可以提高机体利用氧的能力。在体育活动时，即使氧气的需要量增加，也能满足机体的需要。血液中氧含量增加可以使头脑清晰、思维敏捷、精力集中，有利于提高学习和工作效率。

三、田径运动教学对心血管系统的影响

由于长期田径运动教学改善了呼吸器官和其他器官的机能，提高了气体交换时对氧的摄取能力，运动员在激烈运动时，能高度发挥呼吸器官的机能，因而使能量物质的氧化过程进行得更加完善。这就保证了运动时的能量供应，使人体在缺氧的条件下仍能继续坚持肌肉运动，最终提高人体心血管系统的工作能力。

(一)窦性心动徐缓

窦性心动徐缓被认为是机体对田径运动教学的适应性反应，心率下降可使心脏有更长的休息期，以减少心肌疲劳。

(二)每搏输出量增加

经常参加田径运动教学的人或运动员无论在何种状态下，每搏输出量均比一般人高。

在田径运动教学时需有较大的心输出量，以满足机体代谢的需要，原因主要有：第一，心脏收缩力量增加。经常参加田径运动教学可使心肌细胞内蛋白质合成增加，心肌纤维增粗，使向心肌收缩力量增加，这样可使心脏在每次收缩时将更多的血液射入血管，导致心脏的每搏输出量增加。第二，心室容积增加。心肌收缩力量增加，心脏每次收缩时几乎将心室内血液全部排空，造成心室内压下降，静脉回心血量增加，心肌纤维被拉长，心室容积增大，使每次心室收缩前心室内均有较多的血液。

四、田径运动教学对消化系统的影响

人体的消化系统好像一个食品加工厂，它的作用是消化和吸收营养物质。它主要由胃、口腔、食道、咽、小肠、大肠和肛门等构成的消化道以及肝脏、唾液腺、胰脏等组成。我们平时吃的食物，要经过消化道的消化，胰的复杂加工，这样才能变成人体能够吸收和利用的营养物质。当田径运动教学时，新陈代谢比平时大大增强，同时体内营养物质也会大量消耗。在田径运动教学时新陈代谢作用要比安静时增加 10 倍，甚至 20 倍。

当参加田径运动教学时，由于呼吸加深，隔肌和腹肌的活动量增大，隔肌大幅度地上下移动和腹肌的前后活动，对胃肠起了按摩作用。锻炼结束后，这种按摩作用还会延续一段时间，从而促进了胃肠的活动，对消化系统功能的提高也有较好的影响。当田径运动教学结束后，体内消耗的物质要及时得到补充，势必要从外界摄取更多的物质，经过消化系统的加工变成体内的物质，显然消化系统的工作要比原来大得多，这样日复一日，就提高了消化系统的功能。

人体所有器官系统的活动都由神经系统指挥和安排，在锻炼中神经系统对运动器官和肺脏、心脏等各个器官的指挥加强，而对消化系统的管理减少，使消化系统的活动处于相对抑制状态，以保证运动时心脏、肌肉等的激烈活动。锻炼结束后，神经系统又对消化系统加强了指挥，消化系统的活动加强，以吸收更多的营养物质，因此提高了消化的功能。

五、田径运动教学对运动系统的影响

人体的各种运动都是骨骼肌收缩产生力量作用于骨骼，骨骼绕着关节运动所完成的，运动系统包括骨、关节、肌肉三部分，田径运动教学可以对运动系统产生以下几个良好的影响。

第一，田径运动教学对骨的良好影响。人体长期从事田径运动教学，通过改善骨的血液循环，加强骨的新陈代谢，使骨径增粗、骨质增厚、骨质的排列规则、整齐，并随着骨形态结构的良好变化，骨的抗折、抗弯、抗压缩等方面的能力有较大提高。

第二，田径运动教学对关节的影响。科学、系统的田径运动教学，既可以提高关节的稳定性，又可以增加关节的灵活性和运动幅度，田径运动教学可以增加关节面软骨和骨密度的厚度，并可使关节周围的肌肉发达，力量增强，关节囊和韧带增厚，因而可使关节稳固性加强，使关节承受较大的负荷。

第三，田径运动教学对肌肉的影响。可以使肌肉体积增加，力量增强，肌肉弹性增加。有良好田径运动教学习惯的人，经常做一些牵拉性练习，可使肌肉弹性增加，同时可以避免损伤的发生。

六、田径运动教学对血液成分的影响

（一）对红细胞数量的影响

田径运动教学对红细胞的良好作用，主要表现在使红细胞偏低的人的红细胞数量增加。但人体内的红细胞数量并不是越多越好，红细胞数量过多，会增加血液的粘滞性，加重心脏负担，对机体不利。因而田径运动教学可使低红细胞的情况有所改善，但不会使红细胞数量过高，同时，对血红蛋白的含量影响基本同红细胞的变化。

（二）对白细胞数量和免疫机能的影响

田径运动教学是否能提高机体的抗病能力主要与白细胞数量及免疫蛋白含量有关。研究证实，合理的田径运动教学可以提高白细胞的数量和功能。另外，田径运动教学还可以提高体内的自然杀伤细胞数量和免疫球蛋白水平，亦能有效地提高机体抗病、防病的能力。

第三节　田径运动教学促进身体素质的提高

身体素质是人体为适应运动的需要所储存的身体能力要素，身体素质是人体肌肉活动基本能力的表现。田径运动教学能引起肌肉力量增加，主要是由于肌纤维中收缩成分的增加。随着蛋白质等营养物质的吸收与贮存能力增强，肌纤维增粗，肌肉逐渐变得更加粗壮、结实、肌肉力量增强。另外，系统地田径运动教学还可以提高神经系统对肌肉的控制能力，表现在肌肉的反应速度、准确性和协调性都有提高，肌肉工作能量消耗速度下降，提高肌肉的工作效率。

一、田径运动教学对大学生力量素质的影响

肌肉力量是人体进行各项活动的基础，因为骨骼肌收缩产生的力量是人体运动的动力基础，肌肉力量的大小与收缩方式、肌肉类型、初长度、收缩速度、肌肉的体积、肌肉类型、神经控制等多种因素有关。田径运动教学可以有效地刺激肌肉，增强其力量或改变其特性，达到提高运动素质的目的。身体各项素质相互作用、相互联系，力量素质是速度、灵敏、柔韧、耐力、平衡等运动素质的基础，是其他素质发展的必要条件，良好的肌肉力量可增加关节的稳定性，这样能够提高动作的平衡能力，使神经肌肉系统、骨骼、关节和韧带能够承受高强度、大负荷的运动和训练，能够有效降低和防止运动损伤。另外，大学生正处在生长发育期，

肌肉力量练习应符合其生长发育规律，青少年时期应该全面发展人体各肌肉群的力量素质，按照不同运动项目的特点和规律，在训练过程中，有目的、有计划、按一定比例地发展各种身体素质。这样就可以使大学生在学习和迎接其他挑战的时候会更加得心应手。

二、田径运动教学对大学生柔韧素质的影响

柔韧素质是指人体各个关节的活动幅度以及肌肉、肌腱和韧带等软组织的伸展以及完成特定动作的能力。大学生柔韧素质训练的阶段性特点是身体素质发展存在敏感期，就柔韧素质而言，8～12 岁为柔韧素质的敏感期。这一时期人体的关节囊较薄，关节面软骨比较厚，关节内外的韧带较薄而松弛，关节周围的肌肉弹性很好，因此，较易发展柔韧性。然而，13～18 岁为柔韧练习的关键期。这一年龄段随着发育期的到来，速度和力量素质发展加快，柔韧素质的发展开始呈下降趋势，有一些教练就认为这一时期应该加强速度和力量练习，减少柔韧素质练习。研究表明，敏感期柔韧素质提高快，相对消退也快；进入成年期，身体骨骼关节系统发育完全，再提高柔韧素质就相当困难。因此，在关键期能够坚持不懈地进行柔韧素质巩固，抓住最后时间发展、提高柔韧素质，可以为大学生综合体质的不断提高奠定扎实基础。

三、田径运动教学对大学生灵敏素质的影响

一般认为，神经元(神经细胞)在人出生后就不会再产生，而是由胶质细胞增生填充。随着年龄增加，神经细胞也会限于某些特定的区域缺失，同时造成脑细胞数量开始每年丧失 0.8%。因此，蛋白质代谢障碍、脑脂质的减少、脑合成多种神经递质能力的下降，以及运动和感觉神经纤维传导神经冲动的速度减慢也会发生，大学生灵敏素质就会明显下降，比方说我们常见的肌肉活动的控制与协调的困难，动作反应速度不快，应变能力较差，对外界事物反应迟钝。目前有专家专门对长期进行有氧锻炼对大学生灵敏素质的影响做了研究，结果发现：进行有氧组锻炼的大学生，在实验当中他们的反应能力明显快于普通组。长期坚持田径运动教学能够提高大学生群体神经系统的反应能力，对增强大学生的灵敏素质有着很重要的促进作用。

第四节　田径运动教学促进运动能力的增强

一、田径教学中提升中小学生运动能力的有效策略

体育与健康课程是学校课程的重要组成部分，是以身体练习为主要手段，以学习体育与健康知识、技能和方法为主要内容，以增进学生健康、培养学生终身体育意识和能力为主要

目标的课程。从课程标准中可以看到，体育教学强调和关注的是以学生的身体练习为主要手段，强调身体练习才是体育与健康课程的根本属性。

(一)在教学方法的选用上，关注学生的练习兴趣

教学有法、但无定法，教学是教与学动态进行的过程，要根据田径教学的内容、学生的特点等实际情况，运用合理的、正确的、适宜的教学方法。由于田径运动的项目涉及跑、跳、投3种类型，技术复杂，并且教学内容、教学目标在不同的学习和掌握阶段会发生变化，因此，在田径教学中不要固守一两种教学方法，而要动态性地根据不同的教学对象、教学内容、学习阶段采取相应的教学方法。对此，一是要分析在体育教学中有哪些教学方法；二是要厘清体育教学方法与发展学生运动能力的关系。

体育教师要采用适宜的教学方法，以学生的身体练习为手段，达到发展学生的运动能力的目标；同时，在教学方法的选用上，针对小学生的心理和生理特点，可以多采用竞赛和游戏比赛法进行教学，而对于初中学生，可多采用自主探学练、探究与合作的学习方法提高学生的练习兴趣。

(二)在教学内容的选择上，关注学生的身体素质发展敏感期

根据中小学生各项身体素质指标增长速度分期图，了解和掌握中小学各年龄阶段身体素质发展的快速发展时期，选择相适宜的教学内容进行教学，能起到事半功倍的效果。如小学阶段的女生，在7～9岁(小学1～3年)是50米跑、立定跳远、耐久跑等身体素质发展的高峰时期，在教学内容的选择上就可以多进行速度、力量、耐力性项目的练习。再如，初中阶段的男生是立定跳远、耐久跑、体前屈等身体素质发展的高峰时期，在教学内容的选择上就可以多进行速度、力量、柔韧性的练习。

(三)在教学组织的拓展上，关注学生的个体差异

1.高度和远度项目上实施目标引领

在田径教学的高度和远度项目中，根据学生的个体差异，设置不同的目标，以目标引领的方式，组织学生进行练习。以维果斯基的“最近发展区理论”为基础，根据学生的个体差异为每个学生设置不同的目标，采用层层递进、循序提高、阶梯成长的方式进行。

2.以时间计算成绩的长跑项目上实施目标转移

在前期的问卷调查中，我们已了解到在田径教学中学生最不愿意练习的项目是耐久跑，一圈接一圈重复地跑，学生的关注点是跑了多少米、还要跑多少米。同时，学生对耐久跑的畏难和恐惧心理，使学生不愿意进行练习。因此，可以在耐久跑教学中，采用转移学生的注意力、转移学生的关注点的方式进行练习。如图形跑和以比赛的形式进行追逐领先跑(学生成一路或多路纵队，进行领先跑练习，最后面的学生以快速跑的方式超越到第一的位置，以此类推，在规定的距离内看哪组先到)；如校园定向跑，针对不同的学生设置不同的目标(校园定向之初级、中级和高级)，学生关注的是找路线、找相应点，就忽视了跑的过程、跑的

距离。

3. 以时间计算成绩的短跑项目上实施目标差异化

在田径短跑教学中，可以采用目标差异化的方式，调动学生参与的积极性，针对跑得快的学生设置的跑的目标距离长一些，跑得慢的学生设置的跑的目标距离短一些，让每个学生在不同的目标下进行练习或比赛，从而可以让每个学生都有获得成功的可能性。如在 50 米的快速跑练习中根据学生的个体差异，采用同一终点线、不同的起跑线的方式将学生分成不同的组进行练习。根据学生的个体差异分成 2 组、3 组或 4 组，错开站立。

二、高校体育田径教学中培养学生体育能力的措施探索

(一)培养学生的终身体育意识

为了更好地培养学生的体育能力，要在高校体育田径教学中秉持以人为本的理念和原则，关注学生在体育田径练习中的主体性意识，培养学生终身体育的观念和良好的体育锻炼习惯，增强学生体育田径运动的内在驱动力，教师要使学生在田径运动练习中感受到愉悦、快乐的体验，产生情绪上的渗入感，积极主动地进入到田径运动练习之中，接受和领会教师对田径动作要领的指导，较好地培养和提升自己的体育能力。同时，教师还要结合学生的实际情况，拟定与学生个体相适应的田径运动训练计划，合理设计田径教学课程，使之与学生的生理要求、精神需求相吻合。

(二)加强高校体育田径课程教学的趣味性

要在高校体育田径课程教学之中秉持“寓教于乐”的理念，以兴趣为学生体育运动的老师，教师要提供场地和机会，挖掘田径课程中的趣味性元素，使学生改变对田径运动单调乏味的认知，充分感受到田径运动的独特魅力，不仅获得体育能力的提升，而且满足自身对体育运动的情感需求。具体措施可以从以下三个方面入手。

1. 丰富田径运动器材

要先从田径课程教学的外部条件入手，丰富高校体育田径教学的运动器材，使之成为田径课程教学的有益辅助，还可以较好地对学生的体育运动能力进行检测。以跑步竞赛为例，为了增强学生赛跑训练的兴趣，可以增添相关的体育器材，如：标志旗、标志锥、标志桶等，指定赛跑的往返点，对学生的赛跑时间进行准确的记录，使学生感觉到新颖有趣，积极主动地加入到跑步训练之中。

2. 合理调整教学手段

为了达到趣味性田径课程教学的目的，要对高校现有的教学场地进行优化，合理地调节教学手段，尤其要增大高校田径运动场地的空间，使之足够宽敞能够满足田径教学的需求，可以由此开展对学生的鞍马、专业跨栏等突破障碍训练，增强学生的体育能力。

3. 提升田径教学的美感

教师要挖掘高校体育田径课程教学的美感元素，提高田径体育课程教学的趣味性。以

标枪练习为例，可以设计快慢结合的掷标枪练习，让学生感受不同速度、节奏下的运动美感，观察并享受完美的标枪弧线，从而较好地增强掷标枪练习的观赏性，提升学生的田径运动参与意愿，从而获得体育能力的自我提升。

（三）拓展高校体育田径教学内涵

教师要结合体育田径教学内容和特点，挖掘和拓展田径课程教学的内涵，增进学生对于田径课程内容的感知和领悟，获得体育能力的提升。以引入田径一跑的教学课程为例，可以拓展其教学内涵，设计如下内容：①生存跑。在人们的日常生存环境之中，要通过跑尽快达到某种目的，如：徒手跑、双手提物跑、肩担物体跑、越野跑等。②逃生跑。这是在突发险情时要尽快逃离险境的自救式快跑，可以训练学生开展快速反应跑、低重心快跑、各种场景下的快跑等。③救生跑。这是帮助他人尽快脱离险境的快跑，通常包括有背、抱人快跑、两人或多人抬人快跑等。④跑酷跑。这是一种时尚的极限运动，在自身的体能条件下，激发身体和心灵极限的一种训练。

（四）完善田径课程教学评价体系

要完善高校体育田径课程教学评价机制，转变单凭成绩进行评价的方式，采用多样化的评价方法，如：学生自我评价、学生互评、教师评价等，开展对学生的形成性评价，较好地实现对学生的体育学习评价，促进学生田径运动兴趣和体育能力的提升。

总之，高校体育田径教学要秉持以生为本的理念，不断创新和优化田径课程教学方法，丰富田径课程教学内容，科学合理地实现对学生的评价，较好地激发学生的田径运动练习兴趣，增强自己的体育能力。

第四章 田径运动教学对不同年龄阶段学生体质的影响

第一节 田径运动教学对小学生体质发展的影响

一、儿童身体素质的概念

身体素质是素质的一种，通常指人体的基本活动能力，是人体各器官系统的机能在肌肉工作中的反映。儿童身体素质是一个人体能发展的基础，抓好基础阶段的素质练习，提高教学、锻炼质量，对学生今后的素质发展具有十分重要的意义和作用。

二、少儿趣味田径的概念

国际田联少儿趣味田径是针对(7～12 岁)儿童的生理、心理特点而设计的一套具有趣味性、娱乐性的田径活动形式，且有相适配的成套器械。它力图把激情与娱乐融入少儿的田径运动之中，通过特定的方式向儿童介绍田径的基本知识和技能。国际田联少儿趣味田径的组织目标是：很多孩子能同时积极参与形式多样的和基础的田径运动；好成绩不只局限于强壮或速度快的孩子；具有一定的惊险性，提供一种适合少儿参加的田径运动；运动技能要参照年龄和协调能力等因素；需要很少的协助人员和裁判。

(一)少儿趣味田径项目的由来

少儿趣味田径项目发源于国际田联地区发展中心印度尼西亚的首都——雅加达。少年儿童这个年龄段的学生各项身体素质都在快速地增长，但身体仍处在各项素质的敏感期，而敏感期对学生进行身体素质的功能性训练，会对学生的身体发展有促进作用。在心理上，学生在这个阶段是爱玩、热衷于新鲜事物的。根据这个阶段学生的身体特征和心理特点，国际田联研究设计出集娱乐、趣味与锻炼为一体的田径活动项目，并配上丰富多彩、轻便的器械，这样能够吸引这个年龄阶段的学生投身于体育运动中来，让他们在快乐中锻炼，在锻炼中健康成长。

(二)少儿趣味田径的内容

少儿趣味田径从 2002 年引进我国至今有二十年，现在是日渐推广和广泛使用。除了偏远地区的农村，少儿趣味田径已基本覆盖于城市。少儿趣味田径项目包括两方面：一是田赛,二是径赛。

少儿趣味田径项目是由传统的田径项目延伸出来的,相比于传统的田径项目,趣味项目的形式丰富,项目更多。再加上是根据低年级学生的年龄设计出的项目,对学生在运动时的安全提供了大大的保障。同时,这个项目随着年龄的增长,项目的数量与其成正比,这样大大培养学生对田径的兴趣。

(三)趣味田径项目的特点

趣味田径的比赛秉承以集体为核心,以团队合作为基本原则。在传统的田径比赛多以个人比赛为主,所以取得冠军的一般是先发育或天赋异人的学生。这让许多学生无法在传统的比赛获得存在感。少儿趣味田径比赛要求以团队的形式进行,学生在比赛的表现直接影响总体成绩,每个学生都举足轻重,与集体生生相息。这样有利于培养他们对体育锻炼的兴趣,同时让每个学生都觉得自己是团队的重要的一员,进而培养他们的集体主义精神。

值得一提的还有少儿趣味田径的器械。小学低段学生的年龄偏小,力气也小。处于这个阶段的学生特别需要安全感,所以器械的设计采用的是泡沫材质,比较轻便,且安全系数比较高。这有利于消除学生的恐惧感。器械颜色多彩,造型奇特,既有红黄蓝搭配的栏架,又有圆形的接力环和火箭造型的标枪。同时,少儿趣味田径器材可以分解和自由组合来进行体育游戏活动,这样不但能发散学生的思维,而且增强了体育游戏的趣味性,使得学生更热情投身于体育锻炼中。

此外,少儿田径项目在活动形式上也是独具风格的。这个项目是将跑、跳、投三者有机结合一级方程式的接力跑,“既有前滚翻、绕杆跑,还有跨栏跑”。多种多样的练习方式能够激发学生对田径练习的兴趣。再加上,低段学生好奇心强,好动,这样的活动形式恰好符合低年级学生对新事物好知,好求的特点。

三、学校实行少儿趣味田径的理论与实践意义

(一)学校实行少儿趣味田径的可行性

终身体育观已经成为学校体育课程改革的普遍指导思想。终身体育观主张保持并增进健康,养成终身锻炼的习惯,从而健康安全地度过一生。应将学校体育与终身体育联结起来,教师不仅要在锻炼学生体力和塑造学生人格上下工夫,而且要让学生体验运动乐趣,让学生终身热爱体育运动。少儿趣味田径从选择的项目和组织形式等方面体现了这一指导思想。少儿趣味田径用的教学手段相对通俗易懂、简单易学,在组织形式上重点表现出趣味性和娱乐性,这符合小学生的需求和身心特点,更容易被他们接受,从而在体育运动中体验到快乐,既掌握了田径练习的方法,又享受了运动带来的乐趣,同时也提高了田径运动的能力。因此,与传统的田径教学方式相比,少儿趣味田径更容易拉近少年儿童与田径运动间的情感距离,这将会对他们的人生道路产生积极影响,这种影响从广义上讲,更容易使他们终身喜

爱体育;从狭义上讲,更容易使他们长久地热爱田径运动。

达到人的可持续发展是体育产生和发展的根本追求和终极目标。而对于体育事业来说,需要一个可持续发展的态势,人力资源是一个关键因素。对儿童进行田径教学与训练,如果进行简单、早期的“专项化、成人化”练习,必将会降低儿童对田径运动的兴趣,甚至产生惧怕心理,这种对体育运动兴趣取向的转移不仅影响他们的一生,甚至还会不同程度的影响到下一代,这同样是一种社会学意义的“拔苗助长”,显然这与体育事业可持续发展理论的基本要求相违背。所以,从田径人力资源的可持续性发展和终身体育观的角度来看,少儿趣味田径运动具有很强的开拓性意义。

(二)学校实行少儿趣味田径的可操作性

少儿趣味田径从简化项目难度、调动学生的兴趣入手,来达到田径教育的目的。少儿趣味田径在内容安排、组织形式、难度要求上考虑到学生的实际情况,符合学生身心发育的特点,可以让学生在练习中扮演不同的角色:有时是运动员,有时是观众,有时是裁判员;评价运动成绩的方法、手段多种多样,将相对、绝对评价相结合,并注意保护少年儿童的积极性、自尊心,以及培养少年儿童的团队精神。因此,少儿趣味田径这种运动形式是符合小学体育课程改革方向的。

四、少儿趣味田径教学的优势分析

(一)教学指导思想优势

少儿趣味田径教学改变了以竞技体育为中心,以技术教学为主体的体育教学传统的思想,树立了为增强学生体质服务,提高体育基本活动能力为主,培养体育意识,促进学生身心发展为目标的教学指导思想。而传统的田径教学则是以竞技体育作为指导思想,构成了具有竞技特点且完整的结构体系。

(二)教学目标优势

少儿趣味田径教学方法强调以素质教育为目标,注重多种方法的结合,打破单一的教学模式,穿插安排,配合使用,以期达到最佳教学效果。而传统田径教学方法片面强调技术和技能的教学目标,忽视对学生全面的能力培养教育,这与时代赋予田径运动培养新型人才的目标是不相符的。

(三)教学手段优势

少儿趣味田径教学手段灵活多变,丰富多彩。教学手段的合理利用可以更好的调动学生的积极性,较快的掌握技术与技能。而传统田径教学手段枯燥、乏味、令人惧怕,无法拉近与学生的距离,不利于学生的学习。

(四)教学组织形式优势

少儿趣味田径教学的组织形式多样化,以小组练习、游戏比赛、集体团队竞赛等为主,在活动过程中培养了学生的集体意识，增强了团队意识。而传统田径教学的组织形式单一，以个人练习为主，不利于学生的全面素质的发展。

第二节 田径运动教学对中学生体质发展的影响

体育科学研究发现，田径运动是所有运动的基础，对学生的身心发育起着显著的促进作用，而田径教学却因组织形式较少，亦或是体育教师对田径运动本身缺乏正确的认识导致大部分中学生并不喜欢田径运动，下面就着重分析一下田径训练对中学生的影响。

一、田径训练对中学生身体素质水平的影响

根据最新的运动医学研究结果，田径运动相较其他运动项目来说更具健身效果。田径运动是由最基本的走、跑、跳、投组成，同时这也是人体最基本活动能力的保障。

（一）健身走对中学生的影响

首先，通过健身走训练可有效纠正学生的外八字、内八字等不良行走习惯、促进青少年骨骼与肌肉的发育，对塑造青少年良好的体形有一定的促进作用。其次，长期进行健身走训练，可有效增强腿部肌肉与骨骼的质量，对心脑血管以及呼吸系统的健康均有益处，同时，健身走运动属有氧运动，因而其对人体三高、肥胖等慢性病的恢复有着较为明显的辅助作用。最后，健身走运动简单易掌握，在健身走的过程中还可配合轻松愉快的音乐，且适合各个年龄阶段的人群，相对其他锻炼项目来说更容易坚持。

（二）健身跑对中学生的影响

健身跑主要以快速跑与耐久跑的形式展开。第一，快速跑可使学生的速度素质得到有效锻炼与提升，其能量代谢方式以无氧代谢为主。中学生正处于身体发育的关键阶段，坚持进行快速跑训练可使机体无氧代谢能力得到有效发展，从而提高学生在缺氧环境下的工作能力，同时快速跑可有效促进机体反应能力、灵敏度以及力量素质。第二，长期进行耐久跑训练则和健身走有着异曲同工之处，它们共属有氧运动范畴，具有运动时间长、总体能量消耗大的特点，耐久跑练习对机体心脑血管、呼吸系统、神经系统的健康等均有明显的调整作用，同时，对肥胖、三高等慢性病的治疗均有促进作用。

（三）健身跳以及健身投对中学生的影响

跳跃运动是人体在神经系统的支配下，通过特定的动作，使身体实现向前或向上的运动方式，对人体的爆发力、协调性以及速度和力量素质均有一定要求。坚持进行跳跃运动训练可有效提高神经系统的灵活性与对肌肉的控制能力，使人体协调能力、腿部力量以及循环系统状态同时得到提高与改善。另外，投掷运动主要锻炼学生的力量素质、灵敏素质以及协调能力。

二、田径训练对中学生心理素质的影响

体育教学对增强学生的心理素质有着显著的促进作用。田径运动是所有运动的基础，在田径训练中同样可以有意识的对学生的心理素质进行培养，体育教师可根据田径训练的不同开展形式对学生进行不同方面素质的培养。

首先，进行耐久跑训练时可对学生进行及时的心理疏导，在避免学生因感觉无趣产生心理问题的同时，也可以有针对性地培养其身体和心理的承受能力，对其将来适应社会、克服来自方方面面的困难与压力非常有帮助。

其次，田径训练中的耐久跑练习可以促进学生平和心态的形成。任何人的人生之路都不可能一帆风顺，难免会遇到挫折与失败，而人是否拥有平和健康的心态对其能否可以有足够的勇气去面对问题，解决困难至关重要。

最后，前面提到过田径运动中的快速跑、健身跳以及投掷训练可有效增强学生的灵活度与应变能力。应变能力是学生将来走上工作岗位必不可少的能力之一，是社会适应能力的其中一种。因此，体育教师在进行田径教学活动时也要分阶段地有针对性地对学生的应变能力进行培养。

三、田径训练对中学生综合素质与能力的影响

（一）田径训练可有效增强学生的毅力与恒心

田径运动本身的学习与训练难度并不大，因此，田径运动更容易被本就承受繁重学习压力的学生接受。进行田径训练的重点和难点并不在于其动作技术的难度系数，而更多的是对学生毅力与恒心的考验。毅力与恒心是人取得事业和生活上的成功所必需的。拿当前的大学毕业生来说，大部分大学生在初入社会时由于缺少工作经验，很难找到一个专业对口自己又喜欢的工作，此时，就会有不少学生频繁地换工作，几乎每年接触一个不同的行业，却一直没有办法坚持，最终形成恶性循环，而在某个工作岗位坚持下来的学生一般都会有很大的收获。而田径运动因其自身特点，对学生的毅力与恒心的培养有着一定的促进作用，因此，体育教师在进行田径教学时要将此列为重要的教学目标之一。

（二）田径训练对学生适应能力的培养有促进作用

适应能力包括对自然环境的适应能力以及对社会环境的适应能力，前者关乎学生的体质与生活水平，后者则对其将来的事业发展有着极其重要的作用。通过田径训练增强学生的体质，其对自然环境的适应能力自然会有相应提高。而对学生社会适应能力的培养则是最为重要的。社会适应能力又包括人际交往能力、处事能力等，拿人际交往能力来举例，体育教师可以通过接力赛的形式或者小组比赛的形式对学生进行有针对性的培养。同时，体育教师可以通过调整田径教学模式与内容对学生自主锻炼能力与终身体育意识进行培养。

第三节　田径运动教学对大学生体质发展的影响

在追求全民健康的环境背景下，田径运动项目被更多的人所关注。田径运动项目比较多，内容比较丰富，锻炼形式多种多样，非常适合大学生参与锻炼，它对大学生身体健康的影响是非常大的，这里简析了田径运动项目对大学生体质状况的影响，旨在强调田径运动项目的重要价值。

一、田径运动项目对身体发育水平的影响

大学生坚持田径运动项目的锻炼，可以对机体产生刺激，促使机体内部组织活跃起来，有规律地进行运动，保证了内部结构的完整性和机体功能的平衡协调性，从而进一步促使大学生身体各个部位的良好的发育，保持健康的体格，保持完美的体形。

二、田径运动项目对生理健康的影响

（一）田径运动有助于改善心血管系统

坚持田径运动可以让人体的心血管系统获得改善，心血管系统是人体的核心管道，其负责向身体各个部位运输氧气营养物质，保障人体日常的生活需要，同时，负责排出人体产生的代谢产物。另外，在运动该过程中，机体的心肌会变厚、心腔变大、心跳次数变少，心脏的舒张期变长，心肌拥有机会休息，从而强化心脏的工作能力。

（二）田径运动有助于改善运动系统

人体的运动系统包括肌肉、骨骼和关节，进行田径运动，可以有效改善肌肉组织，使其更好地进行收缩和伸张。运动时，骨骼肌中线粒体和毛细血管数量会不断变多，肌糖原和肌蛋白也会逐渐变多，进一步增强了肌肉耐力。一直进行田径运动，能够更好地锻炼大学生们的关节组织，强化关节的灵活性、柔软性和稳定性，同时，可以加快骨的新陈代谢，使骨越来越稳固壮实，可见，田径运动对于运动系统的影响是最直接的。

（三）田径运动有助于改善呼吸系统

人们通常都是在户外进行田径运动，空气清新，氧气充足，能够让人体接收到空气和阳光等，使呼吸系统获得良好的影响。人在运动状态下，呼吸频率加快，呼吸深度增加，摄氧量有了明显的提高，呼吸系统功能呈现良好的状态，可以有效控制呼吸系统疾病的发生。

（四）田径运动有助于改善消化系统

参加田径运动项目锻炼能够加快人体能量消耗，渐渐地完善消化系统的消化与吸收功能，在进行各项运动时，膈肌有规律地升降，胸廓和腹部有规律地变大和变小，使消化系统得到很好的按摩。因此，大学生坚持田径运动项目的锻炼可预防和治疗胃溃疡消化不良等

疾病。

（五）田径运动有助于改善神经系统

坚持田径运动锻炼可以调节机体的神经系统，使其达到良好的平衡，让神经兴奋、抑制、传导及反应状况更好，进一步加强人体的灵活性、协调性，完善神经系统的支配能力。机体对外界的刺激适应能力加强，便可以阻止疾病的攻击。大学生经常进行田径运动，在运动过程中不仅可以收获良好的精神状态，更能够促使身体的各个系统完善与统一。

三、田径运动项目对身体素质和运动能力的影响

田径运动项目可以很好地锻炼大学生的跑、跳、投、跨等身体的基本活动能力，短跑项目能够锻炼大学生的速度和力量，跳跃项目能够锻炼大学生的灵敏性，投掷项目能够锻炼大学生的耐力，而跨越项目能够锻炼大学生的协调性等，这些不仅对大学生的运动能力有很大的影响，而且更增强了大学生的身体素质。

四、田径运动项目对心理健康的影响

在田径运动项目教学、训练和竞赛中，每一项运动都有规则，需按规则进行，这就需要大学生具备健康的心理，养成良好的心理品质，在心理上保持平衡，以稳定的情绪参与运动锻炼。田径运动的短跑项目可以培养大学生勇往直前的拼搏精神；跨栏项目可以培养大学生不惧困难障碍，勇敢地超越危险的意识；跳越项目可以锻炼大学生身体各部位的协调功能，利于大学生自我控制力和坚定顽强品质的形成；投掷项目可以培养大学生的自信心和志气等。实践证明，坚持田径运动项目的锻炼能够很好地释放压力，保持大脑的兴奋，调整人的情绪，进而避免一些心理疾病的产生。

五、田径运动项目对适应能力的影响

适应能力主要探讨的是对自然环境的适应能力和对社会环境的适应能力。田径运动项目几乎都是安排在户外进行的，而外面的环境是复杂易变的，既有温暖，又有寒冷，不一样的环境条件会让人的身体有不同的反应，进而提高人体对自然环境的适应能力，使人体的免疫力得到提升，进一步增强体质，增强对疾病的抵抗力。另外，社会环境里是融合了政治、经济、文化、科技等，社会在不断地向前发展，大学生们不仅面对着生活、学习的压力，同时也面临着就业的压力。面对社会的竞争压力，大学生们只有调节好自身的人际关系，以勇敢的心态面对现代社会的变化。经常进行田径运动能促使大学生形成良好的竞争价值观，充实他们的学习和生活，正确面对成功与失败的体验，开阔他们的视野，能够以积极地心态看待周围的人与事，建立正确的人与社会的关系，养成良好的适应社会环境的能力。

第五章　田径运动教学对学生体质健康意识的影响

第一节　田径运动教学促进学生运动意识的培养

一、激发、培养学生的运动兴趣，养成学生良好的锻炼习惯

教师在新课标的大好形势下，要善于发掘学生学习兴趣所在，对于学生学习兴趣较低的内容应予以取缔，增加学生学习兴趣较高的内容，这正是体育与健康新课标的优势所在。我们可以增加一些学生感兴趣的运动项目，如球类、健美操、武术以及各种技巧性、趣味性、竞赛性强的项目。学生在参加这些体育项目练习过程中，不断体验到技能进步的快乐，获得增强体质的效益，从而提高了对参加这些项目练习的兴趣而形成了习惯，使这种体育锻炼在今后的连续性得到了增大。通过不同的方式，如开展课外活动和社会体育相结合的功能，培养学生运动兴趣和习惯，加强学生体育意识教育，达到学生自觉参加体育锻炼和养成习惯的目的来奠定学生的终身体育意识。

二、体育教师要以身作则

欲明人者，先自明。在这一点上体育教师要以自己丰富的知识、熟练的运动技术技能，伴以严谨的治学态度，使学生产生一种羡慕感和积极的学习欲望。体育教师不但要重视仪表美，而且要以积极进取的精神，端庄朴实的仪表，热情活泼的性格，沉稳大方的举止，以能热爱生活、追求真理、渴求知识等积极乐观的生活态度去感染和影响学生，使学生懂得真、善、美，激发学生的积极性，使他们积极向榜样靠拢。

三、充分利用学生在校时间

在人的一生中，接受系统的身体教育最长，最有时间保证的阶段是学校阶段。仅体育课从小学到大学每周按 2 学时计算，可达一千学时左右，再加上课外体育活动，为学生的终身体育提供了有利的实践环境。故体育教师应很好地组织，积极引导，启发学生积极参与锻炼，使他们在锻炼过程中不断战胜自我，体会到运动的乐趣，日积月累，学生们将逐步养成自觉锻炼的习惯，培养出终身体育意识。

四、严格管理学生

现在中学生独生子女多，从小娇生惯养多，又加上缺乏艰苦生活的磨炼，因而在学习中表现得怕苦、怕累。在教学中必须严格要求学生：上课必须穿运动鞋，不准迟到早退，无故旷课、有事、有病必须请假；做练习或教学比赛时必须按照要求与规则进行，不准弄虚作假，投机取巧；要互相鼓励，同心协力争取胜利。早操每天有生活管理员点名，课间操有体育教师随机抽查，值日领导监督。这样使学生每次必到，有意识培养学生参与体育活动的持久性。

五、教学方法多元化

体育教学方法是教师为实现体育教学目标采用的教学活动方式和手段的总称。在体育教学中，传统的体育教学方法有很多。如：发现法、探究法、范例教学法、问题教学法、自主学习教学法等。但随着现代化多媒体教学逐渐渗透到各学科里，多媒体也引进到体育教学的课堂，体育方法的改革也随着教学教育现代发展而紧跟时代不断推陈出新。例如在教学鱼跃前滚翻的时候，学生很难把握跃的感觉。同时，滚翻时容易塌身，而教师在示范时也只能一气呵成，一放慢，动作就容易失误，所以，如果运用多媒体制作就简单多了，能化动为静，化抽象为形象，增强学生的感性认识。对于体育科目，特别是在室内理论课上，这样一来教师可将更多的体育知识直观搬上讲台。我们必须以学生为主体，必须充分发挥学生的主动性、积极性，必须一切为了学生发展，一切为了发展学生的一切。在采用教学方式时，我们要根据教学内容和学生实际情况，灵活地选择一种或几种方式进行，会使教学收到事半功倍的效果。因此，丰富的教学方法是教师培养、激发学生参加体育锻炼的有效手段，使学生变被动锻炼为主动锻炼，从而获取更多体育知识和技术技能，使其从小喜欢体育，乐于锻炼。

六、培养学生自我锻炼的能力

培养学生的自我锻炼能力，是学校体育教学的重要内容之一，也能使学生养成与掌握终身进行体育锻炼的意识、习惯和能力。自我锻炼能力如何与常规教学有机结合在一起呢？教师应注意全面培养学生的自我锻炼能力，将自我锻炼能力始终贯穿于整个教学过程中。教师在课堂教学中，除了技术教学外，还要着重培养学生的认识能力，使学生真正懂得体育锻炼的意义、作用，培养体育意识，要充分激励学生的学习动机，发挥学生的主观能动性，调动学生的运动兴趣，促进学生锻炼的积极性和自觉性。同时，在体育教学中要特别培养学生在独立锻炼的过程中，对练习的次数、运动时间、运动强度、动作的自我纠正等有较好的自我调控能力，促使其主动积极地锻炼，从而使学生将锻炼作为自己的自主活动，身心在不知不觉中得到发展。这对以后学生养成终身体育习惯打下良好的基础，使学生终身受益。这也符合现阶段体育与健康课程标准所提倡的：学生能掌握体育与健康的基本知识和运动技能，学会体育的基本方法，形成终身锻炼的意识和习惯，选择自己喜爱的体育项目，体验锻炼身体的乐趣，从而提高对体育的关心、意欲、态度和兴趣，拥有健康的体魄。

总之，体育工作者应在体育与健康新课标的形势下拓展思路，寻求有效的途径培养学生的终身体育意识，提高全民族的综合素质。

第二节　田径运动教学促进学生健康体质意识的形成

一、合理安排田径课教学，提高学生的身体素质和健康程度

（一）开拓进取，增强田径课教学对学生健康的作用

积极改革田径课教学的内容、教学形式、教学方法和考试内容与标准，开拓进取，特别是多方位地开发和利用田径教学对身体素质提高最有效的内容和练习方法，去除高难度的器械和技术练习，寻找大众化的、对健身有直接作用的练习内容、形式和方法，同时将其健身作用和运动价值一并介绍给学生，增强田径课教学对提高学生体质的作用。

（二）多种途径培养和提高田径任课教师的教学能力

教师的田径教学能力是在教学实践中不断积累，以及多种途径的不断学习和研究中逐步提高的。因此，集体备课、专题教研活动、课题研究、实验研究、看课听课、专家讲座和指导指导教师等多种多样的形式，对教师的知识结构更新，提高教学实践和理论水平有较大帮助。教师要经常性地研究学生、研究教材、研究教学方法。学校应采取措施，重视教师的继续教育，提高教师获得新知识和新信息的能力，才能有效地提高教师的教学能力。

（三）通过强制干预措施，合理选择田径课教学具体的方法

如：在制定每个学期选课课表时，将田径课教学预留足够时段、班数和人数，控制其他项目的班数与时段，实现强制干预的目的；通过入学的体质测试的结果，运用控制体质测试分数的方式进行控制。如凡是75分以下的学生只能选择田径课内容，不能选择其他项目，达到强制干预的目的；第一学期强制安排田径课教学内容，达到强制干预的目的。

（四）将田径课改为身体素质课，更好地为提高学生身体素质服务

田径教学项目很多，而且很多项目不适宜进行大众的健身运动，因此，在教学过程中要减化或淡化田径技术教学难度，选择田径教学的多种与组合练习方法，提高田径教学的适应性、针对性和实用性。因此，只有将田径课改为身体素质课，才能更好地为提高学生身体素质和健康服务，定位才能更加准确。

（五）提高认识，加强身体素质对人体健康重要作用的宣传

在体育理论课中，要大力宣传田径运动对身体素质、和健康的作用和价值。组织骨干教师编写适合田径教学的理论讲义，将基础理论和田径运动理论结合起来，让学生明白为什么

要进行田径运动，提高他们自觉的田径健身运动与能力；同时不定期地开展田径知识讲座和网上教学平台对田径运动意义的讨论，引导学生选择田径教学内容，扩大田径教学的覆盖面。

综上所述，田径课程教学是体育教育的基础，在体育教学中占有主要地位，是“健康第一”和终身体育的重要教学项目之一，对学生促进身心健康成长具有积极的影响和长效的作用。特别是在学生体质下降较为严重的今天，田径课教学开展和施教的状况就更显得突出与紧迫。我们要始终坚守田径课教学的基础作用和健身价值，切实运用合理的行政干预与灵活的处理方法；为了开展好田径课教学工作，体育教学行政管理部门和教师应广泛采用积极快乐的教学方法与手段，提升田径课教学的知识层次与深刻的健身感觉；尽快培养、提高田径课教师的教学能力和理论知识的讲授能力；营造田径课教学环境和文化环境，将推广田径健身运动作为学校体育教学目标与办学理念，形成田径健身广泛发展的良好环境体系；改革考试评价的内容、方法和标准，运用对比和多项的考试方法，推动田径健身运动的广泛普及与发展。

二、田径训练对促进学生身心健康发展的作用

目前的教育体制改革在不断深化，我国高校教育的理念也得到了转变，在注重学生文化知识的同时也越来越关注综合素质，其中身心健康是综合素质培养的前提。作为体育教学的重要组成部分，体育教学的课堂形式和实际效果会直接关系到学生们的体质。田径是比较常见的体育教学和训练内容，但是却没有在我国高校中受到足够的重视，这是因为很多高校教师没有认识到田径训练对于身心健康培养的重要性，所以现代高校教育要多关注田径教学，充分发挥田径教学的优势和作用。

(一)田径教学可以促进学生的身心健康

1.增强身体素质

和其他的体育项目相比，田径可以显著增强学生们的身体素质，课堂教育上教师如果只是单纯地传授相关理论知识就会让学生们产生疲倦感，没有学习的兴趣和动力，并且在学习压力下很多学生都不会主动去室外锻炼，因此常会出现身体素质下降的现象。青少年正处于身体发育的黄金阶段，因此需要适量的锻炼。参加田径运动可以让身体得到充足的放松，高强度拉伸肌肉，消除学习的疲倦感，强化身体素质提高免疫力。此外，田径运动还能够调整心脑血管机能，全身各系统和器官都能够在运动期间快速代谢。

2.促进学生心理健康

田径教学对于学生的心理健康也有着很好的促进作用。在不断的训练中，学生们的意志力和道德品格都得到了提升，参与学习的主动性和热情也被调动起来，因此人格逐渐健全，精神状态也会随着身体条件的提升而得到升华。田径教学训练当中涉及很多团队项目，

这就要求学生之间必须经过密切合作才能够完成教学目标，在这期间不仅培养了合作意识和团队协作能力，也让学生之间收获了友谊，深刻体会到体育运动尤其是田径运动的乐趣，这对他们之后终身体育锻炼习惯的养成和未来综合能力的提升都起到重要作用。对于当代大学生，参加田径锻炼能够引导他们建立健全的意志品格，增强自己的自信心和遇到困难时的勇气，使他们能以积极乐观的态度迎接人生道路中的挑战。

（二）开展田径教学的良好建议

1. 培养学生们对田径运动项目的兴趣

现代的健身项目越来越多样化，包括健美操、国际舞、瑜伽等都会引起年轻人极大的兴趣，因为相比于传统的体育项目来说，上述几项都兼具美感与时尚性。在高校体育教学课堂上学生们对田径运动投入的精力并不多，对于田径运动能够提升身心健康的认识也不足，所以高校的体育教师要在平常的教学中不断渗透田径运动的重要性，使学生们尽快了解不同运动之间的差异，以及不同运动能够提升的多方面素质，培养对田径运动的兴趣，从而主动参与到运动当中。

2. 增强田径教学的广泛性

为了能够充分发挥田径教学的作用，提升学生们的身心健康，教师和学校首先要认识到目前存在的缺陷，积极鼓励和引导更多的学生了解并且参与到田径运动中，扩大参与广泛性，为高校体育课堂开展田径训练奠定坚实并且深厚的基础。也要在实际课堂教学上遵循新课程的标准和理念，依据实际情况和学生们的兴趣爱好随时调整教学内容，制定合适的教学方法，由于学生个体之间存在身体素质差异，因此可以因材施教，针对不同身体素质的学生确定不同的训练方案，增强他们的训练信心，在舒缓学业压力的同时恢复良好的精神状态。

3. 调整田径教学内容

每个学期或者每堂课的教学内容都要依据教学目标而确定，为了提升学生们对课堂内容的兴趣还可以不时地加入新元素，丰富课堂多样性，学生们在愉悦的氛围中学习能力一定会得到很大的提升。此外，传统教育方式会严重阻碍田径训练的进展，因此教师可以通过项目竞赛、趣味游戏等方式不断地让学生参与其中，始终保持积极性，阶段考核或者期末考核也要多元化，不能只依靠某一方面，这样才能让学生的身体和精神得到充分提升。

4. 加强师资力量

师资力量是影响教学效果的重要因素，要想保证田径教学的有效性，必须要注重师资，不断提升教学水平，一方面高校体育教师的理论和技能需要紧跟时代脚步不断加强，只有自身熟练掌握了技能技巧才能指导学生；另一方面学校要为老师创造更多培训和学习的机会，增强平常课堂的专业性，让田径教学变得更加科学化和系统化，学生们在认识到项目的专业性后便会更加深入了解，从而保持学习热情。

综上所述，田径训练教学能够显著提升学生们的身体素质，建立健全的意志品格，在当今新课程改革深入推广的大环境下，各高校要适应新要求，注重对学生身心健康的培养，不断加强对田径教学的认知，改进和完善相关教学方法和教育理念，为高校体育课堂开展田径训练提供良好的条件，实现身心健康的有利发展和终身锻炼意识的养成。

三、高校田径课程提高学生身体素质及促进终身体育意识形成的探究

近年来，田径教学在各院校的体育课程教学中占有较高的地位。就拿教学实践经验来说，田径课程不仅可以提高高校学生的身体素质，还可以让学生更加热爱体育，不仅如此，还可以全面发展学生的综合素质。从另一个角度讲，田径运动可以增强学生吃苦耐劳的精神以及合作意识，增强学生的爱国情怀，让学生的心理走向更加成熟和健康的一面。

（一）开展田径课程对高校学生的重要性

1. 提高学生身体素质

身体健康是进行一切社会活动的基础，要想使学生的德智体美劳均衡发展，首先要有一个健康的身体，才能够有愉悦的身心享受并投入到学习和生活当中去。当代学生大部分时间都用在了学习和社会实践当中，忽视了身体素质发展的重要性，也使自己的身体缺乏锻炼。高校通过开设田径课程教学，让学生通过日常的走跑跳等基础运动，让学生的肢体更协调，并且肺活量增大，从而提高学生自身的免疫力，愉悦身心的同时也可以提高学习效率，使其更加健康地享受日常生活。

2. 释放学生心理压力

田径跑步能够让学生释放压力，从而拥有一个好的情绪，为学生营造一个良好的身心环境，如今每个学生都有着比较大的学习压力，缺乏自信心的现象也发生在很多人身上。田径教学活动可以让学生充分的释放内心的压力，拥有愉悦的心情，也增强了自信心，从而也会更加有利于学生的学习。

3. 促进终身体育的意识的形成

一直以来，高校体育教育工作的中心任务是培养学生终身体育意识。田径运动对高校学生培养终身体育的意识有着积极的影响。而体育教育的最终目标是终身体育，学校体育教育又是终身体育的基础。培养运动兴趣和运动的习惯和方式，可以提高学生的自主学习能力，并且为终身体育的意识提供了宝贵的前提条件。

（二）普通高校田径教学发展现状

高校体育课一般都根据学生的兴趣爱好采用学生选课制，不同的人有不同的爱好，就像篮球，排球，武术，足球这些学习起来更加轻松快乐的课程，选学的人数较多。相比而言，田径课程的选择上好像没有那么景气。因为田径课对学生的要求相对较高，它需要学生有吃苦的精神，并且也要具有较强的意志力和参与力，合作力等。

（三）当前高校田径课教学中存在的问题

1.缺乏以人为本的教学理念

到现在为止，大多数高等学校主要以比赛的方式来培养学生对田径的兴趣，这也是田径教学的主要教学形式。田径竞技对学生的技术和动作要求相对较高，让学生熟练的掌握技术动作也是田径教学的教学目标。大多数的高校田径课教学强调竞技项目活动的整体性和系统性，旨在充分提升学生跑、投、跳的能力。但是这种教学模式具有一定的局限性，不能够体现教学活动中的态度和情感，忽视了以人为本的教学理念，不能够真正将田径运动和学生身体素质的发展相结合。高校田径教学如果失去了以人为本这个教学理念，就不能让学生完全融入到田径课程的学习中去，学生也不能在学习中得到成就感，在一定程度上不利于终身体育这个目标的实现，也不利于培养学生运动健身以及提高身体素质的目标。

2.教学评价体系不合理

在高校传统田径教学模式中，运动成绩、合格率以及达标率是田径教学的主要评价考核内容。在具体评价指标上，往往都是一些测量后得到的速度、时间、远度、高度等数据，这些评价指标由于简单易行，在高校田径教学中得到长期应用。然而这种评价体系定量指标过多，成绩反映过于片面，无法对学生各个方面的身体素质予以全面客观的展示。同时，学生在田径运动上的成绩往往和遗传因素具有很大关系，不能全面反映大学生的身体素质情况。在普通高校中学校一般采用测量跑的速度，跳的高度和远度，以及用时间来衡量一个学生田径课程的学习状况。田径教学的考核内容一般是运动的合格率，达标率，以及考核成绩，并且这种教学模式在高校中长期使用。但是不足的是，这种考核标准的定量指标偏多，成绩不能充分反映学生身体的综合素质，因此太过于片面。

总而言之，田径教学模式不仅可以提高学生的身体素质，还可以培养学生的终身体育意识，促进学生德智体美劳的均衡发展。因此要在学生时代就应该建立起这种终身体育的意识。由于现在田径教育模式存在一定的局限性，田径课程的教学还没有得到充分的发展。高校应致力于培养学生对田径课程的兴趣，培养其主观能动性，并树立以学生为中心的教学理念，加强学生对田径课程的学习。为了完善高校的教学评价体系，其考核内容应该充分体现学生田径学习的能力与综合素质，并且培养学生对体育美的欣赏能力。

（四）田径运动教学中应着力增强学生体质

身体锻炼是为了达到促进健康和增强体质的目的，在身体锻炼过程中需要贯彻适量性、渐进性、全面性、反复性和个别性等身体锻炼原则，还需要运用重复、间歇、负重、循环和综合等身体锻炼方法。因此，运用中学田径运动技术教学增强学生体质的方法时应注意三个问题。

1.要树立和加强田径运动教学中身体锻炼的意识性

身体锻炼的意识性是指在体育教育过程中，进行身体锻炼和完成增强学生体质的任务不是盲目、自然和经验的而是要有意识、有目的和要求。

在体育教学中，通常应有两种意识性，一种是运动技艺教学的意识性，另一种是身体锻炼的意识性。但长期以来，教学中通常易忽视身体锻炼的意识性。这是今后在中学体育教学中应该注意的。

为了加强田径运动教学中身体锻炼的意识性，教师要在明确中学体育教学的根本任务和树立正确的指导思想前提下，在教学中有意识、有目的地引导学生去学习和锻炼。

2.贯彻适量性身体锻炼原则

适量性身体锻炼原则，就是身体锻炼要有适宜生理负荷的原则。它是指在体育教学过程中，学生进行身体锻炼所能承受的生理负荷量对增强体质要起良好的作用。在贯彻适量性身体锻炼原则安排负荷量时，应注意做到以几点：

第一，根据人体生理机能活动变化规律，体育课的心率曲线要合理。

第二，根据心脏每搏输出量和心输出量最大对身体锻炼作用和效果最佳的理论，在田径运动教学中，应使田径运动的练习和锻炼在“有效心率范围”内进行。一般认为，120～180次/分钟的心率称为“有效心率范围”，中小学体育课的平均心率可掌握在130～150次/分钟。

3.采用适宜的课程组织形式

跑的项目要取得适宜负荷还比较容易调节，因为跑的项目一般强度较大，基本上不受场地、器材和学生人数的限制。但是，跳跃和投掷要取得适宜负荷就较难些。为了取得跳跃和投掷项目教学时的适宜负荷，关键在于如何处理好练习的密度。要把控好跳跃和投掷项目的练习密度，采用适宜的课程组织形式很重要。除了采用分组轮换或分组不轮换等课程组织形式以外，“循环练习法”也是一种在田径运动教学中可以广为采用的教学组织形式。循环练习法是根据运动教学和身体锻炼要求，选择若干个练习和动作，分设若干个作业点，使学生在每一个规定的作业点上完成规定的练习后，再转到下一个作业点的练习方法。

（五）田径运动教学中需预防伤害事故

体育课和田径运动教学的主要任务是增强学生的体质，如果在教学中发生了伤害事故，就违背了体育教学的根本目的。因此，在中学田径运动教学中，要十分重视伤害事故的预防，杜绝伤害事故的发生。教师应积极采取措施，预防伤害事故的发生。

第一，教师应把预防伤害事故产生的措施纳入备课工作内容。

第二，教师应在上课前提前到达田径场，检查场地是否平整、器材是否牢固以及场地、器材布置是否合理。

第三，上课时要充分做好准备活动，随时注意集中学生参加练习的注意力，严格要求学生按照教师的规定和要求进行练习。

第四，教师要充分了解学生的健康状况、身体素质和技术水平，切合实际和循序渐进地安排教学内容、方法手段和运动量等。

第五，要遵循田径运动练习的安全常规进行练习。

田径运动练习的安全常规如下：

跑的项目：跑道地面要平整，没有其它杂物，障碍物且栏架要牢固，同时，要把学生跑的路线向学生交待清楚。

跳跃项目：助跑道和起跳点要平整、不滑，经常挖松沙土或铺平海绵包，保证落地安全。跳高时，跳高架要稳固，第一人离开后第二人才开始助跑。

投掷项目：一般情况不要相对投掷或对着阳光，要明确器械掷出后取回器材的方法，不许在投掷场地穿行。

四、田径运动教学中应实现思想品德教育

体育教学过程中应该完成思想品德教育的任务，田径运动教学也不例外。应通过田径运动教学过程，要培养学生热爱党、热爱社会主义制度和热爱祖国的思想感情，树立为献身“四化”而锻炼身体的自觉性，培养学生讲文明、懂礼貌、守纪律、爱集体、具有竞争意识、勇敢、顽强的品质和作风。在中学田径运动教学中，为了完成思想品德教育的任务，应做到如下几点：

第一，使学生明确田径运动的锻炼价值，教育学生树立为祖国锻炼身体的思想。田径运动各个项目都具有锻炼身体的价值。教师在田径运动教学中，要使学生了解该项目的锻炼价值和增强体质中的作用，启发学生为祖国而锻炼的思想意识，调动学生学习和锻炼身体的自觉性。

第二，要根据田径运动教材的思想品德教育因素，认真地开展思想品德教育工作。

第三，要合理安排课程组织和教法措施，积极地对学生进行思想品德教育。

第四，学生在学习田径运动技术和利用田径运动项目进行身体锻炼时，由于情况多变，学生的思想和行为也会发生变化。要观察学生学习田径运动过程中的表现，及时地对学生进行思想品德教育。

第三节 田径运动教学促进学生田径运动的行为习惯的养成

田径运动训练通过身体活动和思维活动紧密结合来达到掌握体育田径运动基本知识、基本技术和基本技能的目的，也是知与行相结合的一个过程。田径运动训练基本要在室外练习，它受外界环境干扰，受天气、场地、器材等条件限制，加上小学生天性活泼好动，因此，他们往往会在田径运动训练这种特定的环境中不自觉地将平时一些不良行为习惯充分表露出来。其主要表现在知而不行，行而未果。

针对上述问题，笔者在田径运动训练中不断实践，总结经验，根据学生自身特点和室外田径运动训练的特点，有意识、有目的、有计划、有步骤、持续不断对学生行为习惯进行培养和训练。笔者认为，田径运动教学可以从以下几个方面人手，促进学生田径运动的行为习惯的养成。

一、加强文明意识培养，促进学生文明习惯的养成

文明意识教育应是体育课中不可忽视的教育内容之一，应重点抓三个方面：

第一，抓集合训练：包括课前、课中、课结束前的集合。集合要求快、静、齐，强调精神面貌。

第二，讲个人、公共卫生：包括服装整洁，不留长指甲，不随地吐痰，保持场地、器材清洁卫生等。

第三，提倡文明用语，助人为乐。

二、增强健康意识教育，促进学生身心全面发展

健康包括身体健康和心理健康。小学学生正处在生长发育时期，体育运动的方法还没有定型，身体发育还不完善，心理发育不成熟。不良的行为习惯会影响其身心健康，不正确的身体姿势会影响学生的生长发育。如果在训练中，以增强健康意识教育，促进学生身心全面发展为目的，运用各种游戏来教学，结合趣味性、形式多样的游戏，使学生在游戏活动中掌握田径运动的正确方法，形成良好的身体素质，发展学生体育运动能力，为学生提供展示自我的条件和机会，让学生体验参加田径运动训练的乐趣，身心得到发展，心理需求得到满足，从而提高学生的综合素质。同时对学生关于先天不足、后天行为习惯所造成的不正确姿势必须讲明危害性。要积极帮助学生纠正不正确姿势，教会他们一些矫正方法，应加强以下两方面教育和训练：

第一，对学生进行美的教育。让学生知道田径运动(特别是跨栏)和美是紧密相关的，它包括身体美、运动美、精神美，其中健康是美的基本要素。

第二，通过严格的队列、队形练习，让学生了解正确立姿、走姿及其动作要领。在强化训练中，逐步让学生形成良好的姿态。

三、加强学生安全意识教育，培养高度的责任感

田径运动训练尤其跨栏训练不安全因素特别多。笔者认为不少伤害事故都是学生自身不良行为习惯所做成的。因此在田径运动训练中应对学生进行“三爱”教育：

第一，爱自己：加强自我保护动作训练。让学生学会自我保护方法，了解一般运动操作处理。练习前必须检查自身和场地器材不安全因素，树立安全第一意识。

第二，爱他人：加强保护和帮助他人的动作训练。让学生学会保护与帮助他人的方法，树立将他人安全放在心上的责任意识。

第三，爱器材：教会学生器材使用方法。在教学中可以有目的、有组织地安排学生布置、收拾器材，保养场地、器材设备等，培养学生爱护场地、器材的习惯。

四、加强学生进取意识的培养，促进学生养成良好的学习行为习惯

田径运动训练中，每一届学生都有几个“困难户”。如受身体肥胖、瘦弱、胆小等身体条件和心理条件限制，往往学生会产生心理障碍，对田径运动训练失去信心。作为教师应注意抓住这些学生的特点，发挥他们自身优势，如肥胖练投掷，瘦弱练跳跃等等，及时给予鼓励，让他们逐步树立信心，同时培养他们对田径运动的兴趣爱好，加强他们的身体素质训练，教会他们一些锻炼方法，就能激发学生主动参与学习的热情，获得意想不到的训练效果。如身体肥胖的学生一般力量素质比较好，在投掷训练时让他们出来做示范，就能让他们看到自身的优势。

笔者在田径运动训练中，注重抓好学生身体素质训练，加强学生技术技能和自身能力的培养，注重学生学习行为习惯的养成。经常开展“一记三比”比赛：

第一，一记：熟记动作要领，了解动作过程，抓住动作关键。培养学生在思考中进行运动练习的习惯。

第二，三比：在形成运动知识阶段，比谁的动作学得快。在形成运动技能阶段，比谁的动作质量高。在形成熟练技巧阶段，比谁的动作优美，谁是冠军。

久而久之，就能培养学生积极进取意识，养成良好的学习行为习惯。

五、加强学生心理素质和道德意识的培养，提高学生心理承受能力和道德水准

田径运动训练中内容多样化，最直观。每个学生的个性特点最容易在田径运动训练活动中充分表现出来。往往通过一个具体的练习，就能觉察出学生的不同性格、能力、气质、兴趣等各种心理特征。如有些学生身体素质较好，但怕吃苦、动手能力差、性格倔犟等。作为体育教师就应主动承担起调节学生个体的任务，把它作为分内之事，而非额外负担，应把田径运动训练作为对学生进行心理素质训练和道德意识培养的教育教学手段。充分利用这些学生的优点，逐步克服他们身上存在的不足。

在田径运动训练教学中，应注意学生观察能力和思维能力的培养，注意学生情绪的调节。根据田径运动训练的特点，采用“定时、定量、定强度、定具体细节要求”的办法对学生进行训练。启发学生在身体条件允许的情况下坚持练习。树立好典型，正确进行评价。对特殊学生区别对待。培养学生勇敢、顽强、果断、机智、诚实、胜不骄败不馁、勇于克服困难、坚

持不懈等良好心理素质和道德品质。

学生集体行为习惯对自身个人行为习惯的养成有着很大的影响，并起到约束、促进、巩固和发展作用。田径运动训练应加强以下几个方面培养和训练。

第一，严格训练课堂常规。

第二，严密田径运动训练的组织。抓住突发事件，及时进行教育。严密田径运动训练的组织对学生具有一定教育意义。在教学中，教师一定要善于抓住整体调动这条主线，做到备课一定要备田径运动训练整体调动的课。要有目的的培养学生迅速、整齐、守纪、集体协同动作的习惯。坚决反对组织松散、不服从指挥、拖拖拉拉等现象。

田径运动训练中突发事件特别多。教师应注意观察学生的行为和表现，对好的行为要及时给予表扬，对不良倾向必须严肃批评和处理。让学生分清是非界线，提高明辩是非能力。让学生在温暖、愉快的集体氛围中，奋发向上，健康成长。

第三，严肃田径队队风，发挥集体作用，不断提高要求。田径运动训练教学需要一个好的队风，才能很好地完成训练任务，达到训练目的。因此，在田径运动训练教学中，必须充分发挥集体的力量和作用来对每个队员进行帮助教育。同时也要利用良好的集体舆论引导和帮助学生自觉维护集体荣誉和利益，启发和教育学生要敢于同各种不良倾向和行为作斗争，培养集体主义精神。

在田径运动训练教学中，可采用练习法。如游戏、教学比赛等。对学生提出明确具体要求。

让学生在规则许可的范围内，充分发挥其才能，同时也要发挥同他人集体协同配合的能力。让学生在集体练习中养成团结友爱、互相合作的习惯，从而达到养成好的集体行为习惯的目的。

在向学生提出要求时，必须简单明了，且要求一次要比一次高。要让学生始终处在不断努力、不断提高的过程中，才能收到效果。千万不能操之过急，因为学生集体行为习惯的养成也是需要一定过程的。

总之，学生个人行为习惯和集体行为习惯的养成不是一蹴而就的，需要长期坚持不懈、反复的培养和训练。同时也要为行为习惯的养成营造一个好的集体氛围，从而对学生行为习惯起到约束和促进作用。田径运动训练教学易在学生身体活动中抓住闪光点，也很容易发现学生存在的不足之处。因此在教学中，教师必须针对这些问题，及时对学生提出表扬或批评。通过树立榜样、纪律约束、反复训练、不断提高要求等手段达到教育目的，从而影响学生的行为。决不能轻易放过每一次机会。同时注意自己的行为习惯，为学生作表率，做到言必信，行必果，才能起到潜移默化教育效果。

第六章　学生体质健康的干预策略

第一节　学生层面的干预

一、提高大学生对《国家学生体质健康标准》(以下简称《标准》)的认识

通过调查笔者了解到，一部分学生对《标准》测试并不积极，也有一些学生将其视作一门考试，这与实施《标准》的目的是相通的。《标准》测试是要帮助学生了解自己的体质健康状况，发现自身的不足，并通过测评促进学生积极参加体育锻炼，通过锻炼改善体质健康状况，促进身心全面发展。《标准》是激励学生积极进行身体锻炼的教育手段，却被学生当成一种负担。学校、教师应通过体育课、讲座、网络、校园广播等各种途径进行宣传教育，提高学生对《标准》的认识。实施《标准》对于唤起学生的健康意识、改变不良的生活习惯，促进学生健康成长都能起到积极作用。

二、增强大学生健康观念和锻炼意识

通过访谈笔者发现，部分大学生对自己的健康状况的感知与评价并不客观，对参加体育锻炼的次数、时间、强度要达到什么程度才能起到增强体质增进健康的作用并不十分了解。因此，教师要高度重视大学生健康观念及体育锻炼意识的培养，通过体育课、讲座、网络、校园广播等各种途径加强健康知识的宣传教育和体育锻炼的技术指导，帮助大学生树立正确的健康观念，培养良好的锻炼习惯和文明、健康的生活方式。通过广泛宣传及正确引导，让大学生把“健康第一”的思想贯彻到学习和生活中，营造“我运动，我健康”的良好氛围，使大学生形成自觉进行体育锻炼的习惯和意识。

三、改变大学生不良的饮食习惯

一方面，教师可以通过健康教育课、健康讲座、网络宣传、校园广播等途径，使学生了解科学平衡膳食的相关知识，注重膳食营养。另一方面，学校应加强改善对学生营养的主动干预。目前部分高校开展的“青年学子营养工程”“大豆行动”等活动，为改善大学生体质健康状况迈出了可喜的一步，值得效仿。建议针对高校大学生的代谢特点和对日常膳食的需求进行合理膳食方法的定期宣传和膳食平衡的定期讲座，普及大学生必备的营养常识；并聘请

营养学专家为大学生和学校的辅导员讲解膳食结构和营养获取的知识，通过科学的途径帮助大学生保持良好的精神状态和面貌。

大学生应合理安排膳食结构：每日三餐应按照“早吃好，午吃饱，晚吃少”的原则进食。早餐是一天中的第一餐，对摄取营养很关键，营养丰富的早餐应该有充足的碳水化合物、蛋白质食物和维生素，因而应进食馒头、面包、粥等食物，蔬菜水果以及奶制品或者豆制品。午餐要荤素搭配好，为了营养均衡应多吃新鲜蔬菜，少吃油腻食物。豆制品是优质植物蛋白质的来源，是中餐的首选。在选择荤菜时，也要尽量点较清淡的，如宫爆鸡丁就不像其他肉类含较多脂肪，同时还富含钙、镁、铁等元素。白米饭可以满足大脑和肌肉正常工作所需的糖分。饭后甜点、水果是最适合的选择。晚餐可根据自己的喜好，以富含维生素C和膳食纤维的食物为主，而蛋白质、脂肪类应少吃。晚餐最好选择面条、米粥、鲜玉米、豆类、素馅包子、小菜、水果拼盘。

作为高校，应加强后勤管理，实现食物选择的多元化。大学生营养获取的主要来源，膳食结构调整的主要方面在于学校食堂能够按照营养学的要求进行食物的合理提供。学校食堂能在一定周期内提供各种不同的食物供学生选择，这样才能够切实改变学生的膳食结构。这需要学校后勤加强管理，制定切实可行的规则，对食堂的食物供应进行规定和约束。

四、培养大学生良好的生活习惯

大学生的生活习惯是影响体质健康的一个重要因素。学校和学生都应充分认识到不良的生活习惯对体质健康的危害，一方面，要加强教育宣传和引导，让学生能够自觉养成良好的生活习惯；另一方面，要加强管理，相关部门应加大对宿舍和作息时间的管理力度，帮助学生科学、合理安排生活学习作息时间。这也是提高大学生体质健康水平的又一重要途径。

大学生对营养知识的整体掌握情况不理想，因此，应当面向大学生进行系统的营养知识的宣传教育，调整大学生的膳食结构，建立平衡膳食、科学减肥的理念，并付诸大学生的营养实践，这样才有可能根本性地改善大学生的营养健康状况。针对上述状况，从高校和学生个人两方面着手是营养教育工作者的工作方针。在课堂开展营养知识教育的同时，结合综合性的宣教，使大学生能够树立营养意识，以便教师合理地制订营养健康教育的措施和计划，使大学生合理饮食，加强体育锻炼，克服自身的懒惰思想，增强意志品质，重视自身的身体健康。

第二节　学校层面的干预

一、优化体育课堂教学

（一）尊重学生主体地位

1. 发挥教师对学生兴趣的引导作用

（1）准备活动对学生体育兴趣的引导

教学案例：准备活动——蛇形跑

在以往的准备活动中往往教师有让学生绕操场跑几圈的惯例。久而久之学生厌烦跑步，甚至没有跑一圈已经气喘吁吁，总是叫苦连天、怨声载道。按照当今创新型社会的发展要求，学生应当不断接受新鲜的内容来培养自己的兴趣和爱好。对于准备活动应改掉跑几圈的惯例，采用蛇形跑，即无规则地随意跑。让班长及学生干部领跑，充分利用场地的宽度，发挥学生的灵活性、能动性，想怎么跑就怎么跑，最后还可以放一些音乐进行刺激，使学生更加兴奋。这样的热身跑相当于平时的慢跑三圈，跑完后学生并没有表现出累意，反而表现出意犹未尽。总之，教师应当充分发挥其主导作用编排一些内容形式多样的准备活动，同时也可以把准备活动组织成体育游戏的形式，积极培养学生的兴趣。

(2)教学方法对学生体育兴趣的引导

教学案例：篮球启发式教学

团队游戏：占领阵地。每四人一组，要求四人同时站在一份报纸上，报纸将会被一次一次对折，站立的难度也会越来越高，这要求学生之间共同商讨，协作完成，让学生体会到团队意识和创新精神的重要性。

团队游戏：橄榄球。每四人一组，以沙包代替橄榄球，要求四个人之间通过相互传递冲破敌人封锁，将沙包放到指定位置。一方进攻另一方防守，让学生体会到进攻和防守的技能及每个人之间相互配合的重要性。

技能挑战：沙包投准。每四人一组，一组派一人持筐放于头顶，另一组人员持沙包在规定的距离范围内分别将其投入筐中。投完后交换，投进个数最多者获胜。

导入：通过以上三个游戏启发学生对篮球理解。首先，通过团队游戏让学生明白篮球不是一个人的游戏，篮球是团队游戏，需要彼此之间的默契配合，去冲破敌人的防守。其次，让学生明白篮球不是鲁莽的体力游戏，需要团队之间发挥想象力和创新能力。最后，投沙包的游戏引入了篮球的起源，让学生明白原来篮球是这样兴起的。

该课堂以报纸和沙包为器材分别创编了“占领阵地”“橄榄球”“沙包投准”等游戏，充分活跃了学生思维和创新精神，无形之中让学生理解了篮球，并对篮球产生兴趣，从而也活跃了体育课堂气氛。学生的活动能力和对体育课堂的认识也会发生一定改观。

(3)表扬和激励对学生参与积极性的引导

在体育教学中适当地表扬和激励可以促使学生获得激情和成功的乐趣。在体育教学中对水平较差的学生给予积极的鼓励和表扬，要及时发现他们的进步并给予肯定。对于水平较高的学生也要经常表扬，鼓励他们为学生做示范，鼓励他们主动去帮助那些水平较差的学生，给他们制定更高的目标和要求。体育教师的职责不在于教给学生几个简单的动作，更重要的是心理上的交流，帮助学生克服自卑心理，使其融入到班集体的大家庭当中，学会与同学沟通、交流与合作，体验体育带来的成功和乐趣，感受集体带来的温暖。只要掌握了学生爱被表扬的心理，及时地给予鼓励，就能调动学生的积极性。只要体育教师去努力关爱这些特殊群体，通过表扬、鼓励等多种方式去疏导此类学生的思想，那么这个目标是一定能够实现的。体育教师同样担负着新课标所赋予的教学任务。因此，在教学中要树立以学生为主的理念，真正做到以学生发展为本，“一切为了学生，为了学生的一切，为了一切学生”的教育理念。

2. 尊重学生兴趣爱好的主体地位

当今社会提倡素质教育，全面发展，而某些高校的教师仍在按部就班地执行教学计划，只注重知识的传授和技能的掌握，忽视了学生的兴趣和爱好。据调查某些高校体育教师在准备活动的组织和编排上往往流于俗套，一种形式，一个位置，一套徒手操总是固定的几节，经常存在千篇一律，内容单调，过于重复呆板的现象。有的体育课除了跑步就是让学生自由活动，或者身体素质训练。周而复始，学生自然而然也会产生厌烦心理，甚至有学生喜欢运动而不喜欢体育课的现象。由此而产生的“多米诺”效应就可想而知了。新课标下的体育教学要求学生需掌握的运动技能也基本达不到目标了。

体育课堂教学内容的丰富对提高学生的学习兴趣以及对运动技能的掌握是十分必要的。体育课堂上可适当开展各种球类、武术健美操等，让学生对体育运动有广泛的了解，对于体育零基础的学生以介绍的形式让学生了解各种体育运动的魅力，培养其运动兴趣的广泛性。对于有一定运动基础的学生在自由活动时间可以鼓励其参加自己喜欢的运动并适当给予指导。学校可以根据学生的需求开设内容丰富的体育选修课。根据学生的需求建立菜单式的大学生体育选修课，把可选修的体育项目在网上以菜单的形式公布，广大学生可以根据自身的兴趣、条件自主地选择体育课、授课教师甚至授课时间，从而提高学生的积极性，满足其运动需求。

（二）创新体育教育理念

《中共中央国务院关于深化教育改革全面推进素质教育的决定》中指出：“健康体魄是青少年为祖国和人民服务的基本前提，是中华民族旺盛生命力的体现。学校教育要树立健康第一的指导思想……”这既说明了学校体育的重要性，也为学校体育工作指明了方向。高等学校各级领导必须充分认识当前大学生部分身体素质水平逐年下降的严重性和危害性，把办学思想统一到《中共中央国务院关于深化教育改革全面推进素质教育的决定》上来，树立正确的高校体育教育理念，把高校体育教育作为实施素质教育，培养德、智、体、美、劳全面发展人才不可缺少的内容，切实加强高校体育工作。健全学校体育运动委员会组织机构，并开展经常性工作，学校体育运动委员会要针对大学生的体育活动、体质健康状况（包括身体素质水平的现状）定期召开联席会议，研究制定对策，建立、健全学校体育管理制度，建立责任制，落实责任人，把学生的体质健康等内容归入主管校长、体育部负责人的考核指标中去；成立有校长、体育部、教师、学生组成的体育工作督导小组，负责对全校体育工作进行检查和指导，使学校体育工作成为学校重要的工作内容之一，真正体现“健康第一”的教育思想，以保证大学生身体素质水平下滑现象得到遏制。

（三）明确体育课程目标

《全国普通高等学校体育课程教学指导纲要》在谈到体育课程的性质时，十分明确地指出："体育课程是大学生以身体练习为主要手段，通过合理的体育教育和科学的体育锻炼过程，达到增强体质，增进健康和提高体育素养为主要目的的公共必修课程"。并提出了运动参与、运动技能、身体健康、心理健康、社会适应五个领域的具体目标。高校体育教师必须深刻领会体育课程目标的内涵，并把课程目标作为实施体育课程的出发点和归宿。要纠正体育教育理念和目标上的偏差，突出增强体质、增进健康、提高身体素质水平的目标。要正确认识和对待学生的体育兴趣，处理好"快乐体育"与刻苦顽强锻炼的关系，面向全体学生统一目标要求与"学生个体差异"的关系，确保体育课程目标的实现。

（四）精选体育课程内容

在《全国普通高等学校体育课程教学指导纲要》中，没有提出和规定体育课程的具体内容，只提出了确定体育课程内容的主要原则。这为各高校自主选择、确定体育课程内容提供了空间。针对目前大学生独生子女居多的现状，要加强对学生吃苦精神的培养，高校在选择课程内容时，必须遵循大学生生理、心理发展变化规律和知识、技能的认知形成规律，把那些能有效增强大学生体质，提高大学生身体素质水平的运动项目和体育手段选为体育课程的内容，并根据实际情况加以改良。如在体育课程中安排攀岩、野外生存、定向越野、障碍跑等内容，增加学生体育锻炼时的生理负荷。有目的、有计划地安排学生进行艰苦的体育锻炼，让学生充分体验到体育锻炼的艰辛和克服困难后的成功喜悦，培养学生顽强的意志力和各种环境下的生存能力，有效提高大学生的身体素质。

（五）更新教学模式——以动态式分层教学模式为例

1. 动态式分层教学模式的可行性

每个班级都有肥胖的学生、遗传因素导致缺乏运动细胞的学生，他们对运动技能的掌握可能会比较慢。而那些身体素质较好，有运动天赋的学生掌握运动技能时会比较快。学生运动技能水平和身体素质肯定是参差不齐的，而教师在运动技能的教学进度上肯定是一致的。这样导致了有些学生已经滚瓜烂熟了，而有些学生仍然学得很吃力。这样一来，如果教学进度过快，那些学习吃力的学生会更吃力，最终可能导致厌学情绪。如果教学进度过慢，那些接受能力比较强的学生始终停留在基础知识的学习阶段，长时间下去也会形成厌学的情绪。如何使体育差生学会基本的知识技能，使体育优等生学到更多的技能，从而不再产生厌学情绪，这是体育教师需要思考的。

素质教育背景下要求学生的全面发展，又强调每一个学生的个性发展，尊重每个学生的个体差异。学生之间的差异不仅表现在遗传因素上，还表现在其身心发展、体育修养等方面。分层教学模式旨在根据学生之间的个性差异采取"因能分组、因组设标、因需辅导、因组测验、因材施教"的方法，分层教学模式旨在发挥学生个性特长，优化教学过程，既促使全体学生的共同发展又促进每一个学生的个性发展。

2. 动态式分层教学模式的应用思路

动态分层教学模式以树立终身体育意识为目标，突出以人为本的宗旨，遵循学生的个体差异和需求，按照因人因地因时制宜的原则，为不同组别学生制定相应的教学目标、教学内容、教学评价，充分满足各层次学生的需求和个性发展。首先，根据公共体育教学中的某个运动项目，对学生的身体素质、运动能力和专项技能进行专门测验，根据测验结果对学生进行综合评分，按成绩成三个层次，分别为A层（高等生）、B层（普通生）、C层（初等生），根据不同层次的学生制定相应的教学的目标、教学内容、教学评价。其次，可以适当地引入竞争机制。教师在授课前可以把课程计划适当地分为三个阶段。即在第一和第二阶段学习结束后对各层学生进行综合测验，根据测验结果在B层和C层中表现突出的10%的学生进行晋升流动，分别进入A层和B层进行学习。同样在A层和B层中选出表现较差的10%的学生分别降级到B层和C层中进行学习。通过简单的升级和降级流动使学生在各自的班级中产生了竞争意识，从而更好地促进了学生的主动性和积极性。

3. 动态式分层教学模式应注意的问题

首先，在分层教学过程中要注意学生心理的变化并及时地进行疏导，让学生意识到分层只是为了更好地激发学生的潜能，使多数学生在原有的基础上有所提高。分层教学的真正用意在于关注学生的差异，促进学生的更好发展。其次，要合理地照顾学生的自尊心。在动态分层教学过程中，A层和B层的学生在第一阶段和第二阶段考核后可能会被降级到下一层，他们的积极性可能会受到一定的挫伤，自尊心也可能受到一定的打击。因此，体育教师必须和学生建立良好的关系，多角度考虑学生的感受，及时和学生沟通做好心理疏导。再次，在动态分层教学过程中，体育教师不仅应当具备专业的运动技能，而且应当具备优秀的课堂调控能力，适应对各个层次的学生进行有效的掌控和指导。因此，公共体育教师应当改变观念，开拓创新，拓展知识，勤于积累，提高教师自身素质和教学管理能力，从而适应体育教学改革的需要。

（六）实施与心理健康效益互动的教学策略

1. 高校体育与心理健康效益互动教学

（1）高校体育与心理健康教育要讲究有机互动

有机互动是指在体育教学或体育活动中进行心理健康教育时，要讲究时机和内容，即体育教师要根据体育学科教学的具体内容和其所蕴含的可利用资源寻找心理健康教育的合理结合点，进行心理健康教育。一般来说，每一堂体育教学课所融入的心理健康教育内容应该是该堂课的教学素材中所蕴含的，是分内的，而不是脱离教材强加上去，任何牵强的、贴标签式的心理健康教育都是不科学的，也是不合理的，任何纯粹为心理健康教学而进行的体育教学都是不可取的。虽然体育学科课程中蕴含有丰富的心理健康教育资源，但并非任何内容、任何时候都可以渗透心理健康教育，也不是每次体育课都必须渗透心理健康教育。体育学科教学活动中的内部渗透贵在自然、贴切，它与整个体育学科教学的特点和具体过程是紧扣的，是有机融合的。因此，促进高校体育与大学生心理健康教育的首要策略就是顺其自然，尽量避免牵强互动。

(2)高校体育与心理健康教育要做到适度互动

所谓“适度互动”，就是体育教学活动与大学生心理健康教育的互动应“适时有度”。所谓“适时”，就是在一次体育教学课或体育活动中，集中进行心理健康教育的时间不宜太长。因为体育学科教学中开展心理健康教育的目标是“次级目标”，体育课程本身的内在规定性目标才是“主目标”，因而不宜喧宾夺主。所谓“有度”，一是要注意互动高度，即互动目标不宜过高也不宜过低；二是要注意互动的梯度，即在了解大学生个性心理及个性差异的基础上，尽量考虑各层次大学生的可接受性及互动的循序渐进；三是要注意互动的效度，即教师要经常搜集大学生的有关动态信息，适时调整互动的策略，把握互动的最佳时机。

(3)高校体育与心理健康教育要做到灵活互动

体育教育与心理健康教育互动没有固定的方法。从教学设计取向看，体育学科与心理健康教育互动可以把学生作为中心，重视学生的人格塑造，促进学生的心理发展；也可以把运动项目特点作为中心，结合大学生的身心特点，进行品德与意志力的教育；还可以把问题做为中心，理论联系实际，帮助大学生解决心理问题；还可以把活动作为中心，加强心理训练，塑造良好的心理品质。从互动的形式看，有分散式与集中式、集体式与个别式、讨论式与讲授式等。从具体的互动方法来看，有移情体验法、角色扮演法、认知矫正法、游戏法等。在不同价值取向的指导下，各种不同互动形式和互动方法的灵活运用便构成了不同的互动策略。

2.充分开发大学生体育学习潜能

(1)心理健康知识教育

对大学生进行心理健康知识教育，有利于大学生树立健康教育的新观念，重视心理健康的维护与促进，能有效地防止大学生各种疾病的产生。因此，在高校体育与心理健康教育中，任课教师要有目的地挖掘体育教材中有心理健康教育价值的知识内容，或填补一些相关教材，通过讲授、谈话、分析等方法，达到以下两个互动目标。

第一，促使大学生认识和掌握心理卫生常识与心理保健知识，明确心理健康是某一段时间内的特定心理状况的反映，是相对的、具有等级差异的。

第二，明确体育是将心智和躯体统一起来的最有效的、最容易调控的教育方法，体育学习和锻炼的最重要的目标之一就是保持和增进学生的心理健康。

(2)优质的心理学习教育

提供优质的心理学习教育旨在协助大学生开发体育学习潜能，掌握科学的学习方法与

策略,纠正不良的学习心理和行为习惯,增强体育学习的效果。其主要内容如下:

学习动力教育。通过课程目标设置、创设佳境、归因教育、积极反馈、价值寻求等方法,激发大学生参与体育学习、体育锻炼的动机;通过成功教育法、愉快教学法、需要满足法、兴趣教学法等,培养大学生参与体育的意识、兴趣,从而转变或改善大学生的体育态度,养成体育锻炼习惯,形成良性的体育心理状态。

心理激励调节教育。教师在体育教学中针对大学生的心理活动及行为表现的变化,实施心理激励和暗示调控,使之形成一种兴奋、好学的心理状态,从而最大限度地调动和发挥他们体育学习的积极性、主动性和创造性。实施心理激励调控的主要方法有:信任、期望、启发、评价、疏导等。

开发运动技能。其主要通过良好的学习行为和心理能力的训练来实现。操作程序包括:提出要求、执行要求;重复练习,以熟练、自然、自觉为目标;正面引导,积极提供学生效仿的榜样;督促检查,帮助学生克服不良的学习习惯。同时,进行技能形成的心理训练,主要方法有:表象、放松、注意力集中、自我暗示、意志等。

(3)适宜的情绪情感教育

情绪与情感是伴随着认识活动而产生的一种心理活动过程。一方面,良好的情绪情感教育对促进人的品德、认知的发展,以及促进身体健康成长具有积极的作用。另一方面,体育活动对情绪调节、情感的发展也具有积极的影响。实施情绪情感教育旨在协助大学生学会适时地调节情绪,增强对情绪的自控力,培养良好的社会性情感,防止情绪波动过大,避免大学生心理失衡而引起心理病患。

在高校体育与心理健康教育互动的过程中,可通过体育教学活动蕴藏的对人的各种影响,如克服困难、参与竞争、自我控制、体验成功、经受挫折等,使大学生获得成功与失败、欢乐与痛苦、优势与劣势、平等与差别、公平与偏袒、合理与不合理等多元化体验,引导大学生正确对待这些情绪体验,合理对待个人的需要。同时,还要有意识地运用认知调节、表情调节、活动调节、呼吸调节、注意调节、暗示调节、激励调节、自我宣泄、心理归因等方法来增加学生的快乐体验。

(4)坚强的意志品质教育

培养良好的意志品质是大学生心理健康教育的重要目标。高校体育是培养大学生意志品质的重要途径,其原因在于:大学生在高校体育教学与运动训练过程中,总会遇到各种各样的困难和障碍,如在体育运动过程中产生的内心恐惧、害怕和外界的环境、气候、体育器材等因素的影响,大学生通过不断地克服这些困难和障碍,可形成坚强的意志品质。在高校体育教育中培养大学生的意志品质,可从以下几个方面进行:第一,体育教师应树立培养学生良好意志品质的意识;第二,在教育过程中充分发挥集体和榜样的激励作用;第三,重视运动技能学习和练习的积极作用;第四,启发与引导学生在体育锻炼、体育竞赛中与困难做斗争。

(5)良好的性格教育

性格教育在学校教育中具有十分重要的地位,因为性格不仅与人的思想品德和知识学习有密切关系,也与人的身体健康息息相关。现代医学和心理学研究表明,性格对人体疾病,尤其是身心疾病的发生、发展和病程的转归有明显的影响作用。性格之所以能对人体疾病,尤其是身心疾病产生明显的影响,是因为病人的性格特征既可以作为许多疾病的发病基础,又能改变许多疾病的过程,甚至比引起该疾病的病原学性质更能决定该疾病的表现。因此,努力培养活泼、乐观、开朗、豁达等良好性格,对增进学生的身体健康,促进身心协调发展是大有裨益的。

性格教育的内容包括两个方面:一个是培养学生良好的性格特征;另一个是帮助他们矫正不良性格特征。这两者可以统一在良好的性格结构之中。

(6)人际关系指导

随着社会经济的发展以及生活节奏的加快,许多大学生越来越缺乏适当的社会关系,人与人之间也趋向冷漠。体育活动是一种人与人之间相互交往的好形式,能增加人与社会的联系。在高校体育与心理健康教育互动的过程中,加强人际关系指导的目的在于协调好人际关系。大学生在运动场上可以建立起伙伴、朋友关系,从而重建大学生人际关系的新模式。体育运动的魅力使人们冲破隔离和孤独,相聚在运动场,建立起平等、亲密、和谐的关系。体育活动不分地位、贫富、职业与年龄等,让人们平等而真诚地为一个目标而奔跑,为一场比赛而呐喊、兴奋和激动,这些能使大学生的交往能力得以发展,人际关系得到改善。

(7)竞争意识与合作精神的培养

竞争,通常是一种激发自我提高的动机形式,是个人或集体为了取得好成绩而与别人或别的集体展开竞争;合作,则是一种集体齐心协作的活动,这种合作是为了使这个集体更好地与别的集体展开竞争。体育活动正是以竞争的形式和丰富多彩的内容吸引着人们参与,在体育活动全过程中,始终贯穿着合作与竞争,即使在一般的体育游戏中,也充满着你追我赶、争强取胜的竞争。体育活动竞争与合作的特点,对培养大学生勇敢进取的精神,激发个人动机,提高学习与工作效率,树立远大志向,形成健全的个性有着非常积极的作用,同时也可有效地培养现代人在竞争中善于与人协作共事的群体意识和团队精神。因此,深入开展高校体育教育,可有效地促进大学生形成符合现代社会需求的心理品质。

(8)有效的自我教育

在已发现的可以降低个体生活中心理压力的因素中,有两个因素最为突出:即社会支持和身体锻炼。参加体育锻炼,增加了社会交往,易于获得社会支持。相关研究已表明,体育运动有助于人们摆脱压抑,悲观等消极情绪,降低焦虑,消除忧郁等心理障碍,使人们保持心理平衡,达到心理健康的目的。属于体育治疗手段的游戏是学校心理咨询与治疗的基本方法之一,尤其是在团体辅导中更为常用,因此,此项教育内容能协助大学生开发体育的运动健心潜能。实施的着眼点是:任课教师指导并教会学生运用简单、有效的方法进行自我心理诊断,并根据自我认知状态,有针对性地制定运动健心处方进行自练、自控、自测、自评为一体的自我心理治疗方案。

3. 拓展体育教学的内容与形式

(1)专题心理讲座

大学生心理健康教育是高校体育课程目标的重要组成部分。因此,在教学中贯彻心理教育显得十分重要。根据体育与健康课程教学指导纲要的目标、计划与要求,高校体育课程每学期都要求安排一定时数的体育理论教学。在高校体育理论课的教学中,体育教师可以根据体育学科的特点,结合心理健康教育的内容,有针对性地开展心理健康教育专题讲座,让学生了解体育课程在心理健康教育中的地位、作用和实际价值。同时,告诉学生一些基本的促进心理健康发展的方法、技巧与注意事项。

(2)高校体育课程教学

在新编订的《体育课程标准》里,心理健康作为重要的学习领域,第一次被明确地写入学校体育课程教学目标。现在,如何合理利用体育的心理健康教育资源,寻找心理健康教育的契机,把握教学的最佳时机,对大学生进行针对性的心理健康教育已受到越来越多的教育者的重视,广大体育教师在教学实践中逐渐融入了心理健康教育的内容和方法。如:在体育教学中,根据教材特点,培养学生积极学习的情感和良好的个性;安排各种有趣的活动内容,激发学生强烈的求知欲,培养学生热爱学习、热爱活动的情感;运用适当的教学方法引导学生主动地学习和锻炼,激发学生参加体育活动的热情,培养学生参加体育活动的兴趣,调动学生学习体育的积极性,发展学生的智力。而通过学习运动技术、技能,培养坚强的意志品质,调动大学生参加体育运动的主动性和积极性也是心理健康教育的重要内容。

(3)课外体育活动

课外体育活动在现代教育中具有重要地位,它既是学校课外教育的重要内容,也是学校体育的重要组成部分,同时课外体育活动还是大学生参与健康活动的基本形式,具有增进身心健康、培养体育人才的功能。课外体育活动包括课外体育锻炼、课外体育训练、课外体育竞赛等几个方面。它以组织形式灵活多样、活动内容广泛、活动空间广阔、参与对象群众性强等特点在学校课外活动中发挥积极的作用,为全面推进素质教育,促进大学生身心协调发展提供了更加广泛的空间。丰富多彩的课外体育活动,可以陶冶学生的情操、磨炼其意志、锻炼其生活和社会适应能力。此外,在课外活动中,还可以结合体育运动项目的特点,培养学生良好的个性品质。如结合体育锻炼项目的特点,加强心理引导,纠正学生的心理缺陷,培养良好的人格品质;结合体育运动训练与竞赛活动的特点,培养学生的竞争意识和团结、合作与进取的精神。

(4)营造和谐的校园体育文化环境

良好的校园体育文化氛围,丰富的体育文化活动,使人心情舒畅,精神振奋,生活充实。因此,营造和谐的校园体育文化氛围,创造健康的教育环境,对学生的心理健康教育会起到积极的促进作用。在校园体育文化建设中,加强体育教学工作,开设体育选修课,成立学生体育社团或俱乐部,安排好学校课外体育训练与竞赛工作,开展校际的体育交流,是创造良好校园体育环境的主要途径。营造有利于大学生心理健康发展的环境是每一个教育工作者的责任,无论是学校领导还是一般行政管理人员,无论是体育教师还是班主任,都要努力营造有利于学生心理健康发展的校园环境。如学校领导及行政管理人员要重视学校体育工作的开展;体育教师要做好本职工作,并积极主动地参与建设、营造良好的校园体育文化环境,组织好课外体育活动;班主任也要积极参与、组织班级课外体育活动。

(七)丰富教学组织形式

一般来说,体育课堂教学常见的教学组织形式主要有班级教学和分组教学两种。本书讨论的个性化体育选项教学,将分组教学进一步细分为大组、小组、双人以及个人教学形式。依据选项教学规律,适合不同阶段的教学组织形式各不相同,每一种教学组织形式也都有各自的应用范围。

1. 班级教学

使用班级教学形式,教师容易发挥主导作用并对选项课堂教学进行有效的管理。班级教学适用于众多学生共同完成相同的教学计划,具有很高的教学效率;缺点是很难照顾学生的个体差异,不利于学生探索精神、创新精神和实际操作能力的培养。

为了扬长避短,个性化体育选项教学在理论单元、体验单元的选项游戏和技能展示模块以及其他单元的讲解、小结环节采用班级教学形式。因为这些教学模块或教学环节的大部分教学内容都是面向全体学生的。

2. 大组教学

大组教学是分组教学的一种形式。顾名思义,在这种教学组织形式中,每个小组的人数比较多,一般在8个人以上。在个性化体育选项教学中,为了照顾学生在技能水平和体质水平上的差异,安排不同的教学内容,教师会考虑按同质或异质原则将学生划分为若干个大组。使用这种教学组织形式的教学模块/环节有以下几个:

①体验单元的锻炼体验模块。分组依据是学生的体质水平,分组原则为异质原则。这样分组是为了让学生了解到特定锻炼方法所针对的身体素质,以及个人所能承受的运动强度、运动时间等与其自身体质水平之间的关系。

②技能单元的统一学习环节。分组依据是学生的技能水平,分组原则为同质原则。分组后,所有学生都有一些既新鲜又具挑战的技能需要学习,因而会有比较浓的学习兴趣。

③竞赛单元的比赛环节。依比赛性质和目标的不同,分组依据可以是学生的体质水平、

技能水平或是二者的混合;分组原则可以是同质原则或异质原则。具体如何分组,视教学目标而定。

3. 小组教学

分组人数在3~7人之间的教学形式,称为小组教学形式,它通常在两种情况下采用。一是大组教学的某个阶段,将学生细分为多个小组,进一步细化教学内容之间的差异。二是在个性化练习环节,出于练习形式等需要将计划相近的若干名学生组织成一个小组,共同练习。使用小组教学形式的教学模块/环节包括技能单元的统一学习环节、个性练习环节、综合练习阶段和体质单元的锻炼开展阶段。

4. 双人教学

顾名思义,两个人构成一个学习或练习的组合。将学生组织成双人形式进行教学的目的与小组教学类似,不同之处在于在某些教学环节中,双人练习是比较理想的练习形式。使用双人教学形式的教学模块/环节与使用小组教学形式的教学模块/环节一致。

5. 单人教学

在技能单元的个性练习环节、综合练习阶段和体质单元的锻炼开展阶段,一些教学内容不需要将学生组织成小组或双人的形式,每名学生独立完成即可。在这种情况下,采取单人教学形式。这种教学形式能最大程度地细化教学内容,满足个性化教学的需要,保障一人一计划的顺利执行。

多样化的教学组织形式,能使学生不断认识并处理好师生之间、学生之间以及个人与集体之间的关系,促成师生之间、同学之间的多边互动,使他们体会成功与失败并参与合作与竞争,从而提高学生参与活动的积极性,最大限度地发挥学生的主观能动性,逐步实现体育课程五个领域的教学目标。

(八)更新教学评价——以团队式评价方法为例

1. 团队式评价方式的可行性

体育课程目标分为:运动参与目标、运动技能目标、身体健康目标、心理健康目标、社会适应目标。体育课考核评价也应当从这五个目标出发,而如今大部分高校采用的评价体系只仅仅针对其中一部分。目前,大部分高校实施的是期末终结性评价,这种评价体系对于有运动天赋的学生来说,课堂上不用怎样努力学习,就能轻松地达到很高的标准,体育课考核评价对他们来说也只是形同虚设,而对那些体育基础较差的群体来说,尽管他们课堂上已经很努力了,不管怎样还是无法取得较好成绩,因此,这种在学期期末时进行的终结性考试显示出其缺点。往往在体育课程结束后,对学生的评价也随之结束。这样的教学无形之中给学生传递一种信息,教学是为了考试而进行的,而学生也形成一种错误认识,上体育课为了考试及格。因此,这种终结性考核评价体系只是针对教师教学效果的一种评价,随着考试的结束,学生参加体育锻炼的积极性也会结束。因而这种评价体系失去了评价的反馈功能,未能在学习过程中对学生的行为表现进行及时调整，不能确保对学生评价的公平性，在某种程度上挫伤了其参加体育锻炼的积极性。学生是一个“动态”的人，处在不断的发展变化之中，用“一考定终身”的标准来评定“动态”的人，显然缺乏科学性。

团队式的教学将改变传统的灌输式、按部就班的教学，变成通过比赛的形式让学生发现自身的不足，促使其积极主动地学习，激发其学习的动力，再将多项专项技术进行结合，使学生在团队之间互相帮助、互相指导，共同进步，以提高其技能水平，再通过反复的比赛来检验其学习效果。通过“反复比赛—反馈不足—巩固技术—战术配合—比赛提高”的多次循环，最终达到提高其技、战术水平的目的。

2. 团队式评价方式的实施

团队式的教学思路，旨在挖掘体育自身的功能(健身、娱乐、竞赛、技能性)，通过将篮球、排球、足球等普及性较强的集体项目结合起来，激发学生的运动兴趣，培养其正确的体育观念意识，养成主动参加体育锻炼的习惯。团队式的教学通过团队之间的相互合作与竞争比赛，产生自主学习、互动发展、竞争合作、轻松愉快的学习氛围，从根本上提高学生的学习积极性。同伴之间互帮互助互学并通过竞争与合作达到成功体验，这对学生的意志品质、情绪、彼此之间的交往、适应能力都得到了很好的锻炼，从而也提高了学生的综合素质。

团队式的教学将淡化技能考核项目，注重团队之间的整体表现，各个团队通过自身努力将获得相对应的成绩，使学生个人的成功必须先取决于团队的成功。在学期之初，通过诊断性评价了解学生的运动技能水平，根据学生的运动技能水平将学生分成固定的组别，以比赛为核心，把学生引入到电视节目中的“NBA、CBA、欧冠”等特定的比赛情境中，让每个学生认真对待，百分之百地投入。通过小组团队之间的比赛，记录其每次比赛的技术统计，并和体育成绩紧密联系起来。每个学生都充当一定的角色，并且赋予一些球星的“篮板王”“得分王”“助攻王”等称号，体现“王”者风范，使他们能充分体验到竞技体育带来的兴奋、荣誉、满足、愉悦等美好的心理感受。比赛之间的竞争与合作使学生正确看待成功与失败，养成积极乐观的生活态度。团队小组之间的配合能够培养学生的合作精神、交往能力和对环境的适应能力，使学生在团队小组中得到锻炼自我机会，在娱乐中培养兴趣。

二、改进课外体育活动

(一)优化学校运动场地资源和设施

1. 优化学校运动场地资源

在有充足的体育场地器材条件下，多数学生愿意参加体育锻炼。据调查，某些高校现行的学校场地器材设施和学生体育锻炼的需要产生了一定偏差，对于开展比较广泛的足球和篮球，场地设施相对较多，对于网球、羽毛球、乒乓球等小球类项目受天气影响比较大，对场地要求较高,只能选择“墙上网球”和“马路边羽毛球”。建议学校充分利用现有资源和环境,根据学生的需求增加体育活动设施和资源,开发和利用有限的空地和资源,开发一些能满足学生运动需求的场地设施,例如,多数学生喜欢对墙打网球,学校多建一些“网球墙”。大多数学生喜欢打羽毛球,可以在宿舍楼以及教学楼中间的空地建一些简单的羽毛球、乒乓球场地。

学校场馆设施应适当地对学生有偿开放,在保证正常的体育课堂教学情况下可以在晚上和周末时间对在校学生进行有偿开放,避开与上课时间的冲突。另外派专门人员负责场地的维护和卫生工作,做好对场地的维修修补。充分利用场地资源设施为学生课外体育活动提供良好的健身环境,为学生带来极大的方便。此外,学校可以联合周围的社区和企事业单位的场地器材,做到共享体育场地器材。

2. 为学生提供优质的运动器材资源

(1)学校适当为学生提供器材

为男生提供篮球、足球、排球、乒乓球、拉力器等,为女生提供毽子、跳绳、羽毛球等。配合实施宿舍健身计划,学校还可以组织以宿舍为单位的体育比赛。

(2)院系班级为学生提供器材

全校性班级性课余体育竞赛是学生参加课外体育活动的重要途径,学校通过开展各种体育比赛,鼓励学生积极参加。无论学生还是院系领导都希望为班级、院系争得荣誉。在至高的荣誉和共同的目标促使下,学生们众志成城不惜一切地组建自己班级和院系的篮球队、足球队、排球队等。在院系领导的支持下,体育经费、器材也迎刃而解。学生参加课外体育活动也有了很好的保障。

(3)学校适当为学生提供免费器材租借服务

学校体育器材在保证正常的体育课堂教学外,可以适当在周末为学生提供免费或低额的租借服务。有高校已开始实施,学生在周末可以凭借自己的学生证到器材室免费租借体育器材,并到下周上课前按时归还。学校派有专门人员负责账物保管,借还登记,并及时做好器材的维修和保养,从而建立了完善的器材外借服务和规章制度,从而充分利用了学校的器材资源,做到了物尽其用。

(二)对大学生课外体育活动的优化组织与指导

1. 对大学生课余体育竞赛的优化组织

体育活动的竞争性是体育的本质属性之一,在一定程度上满足了人们争强好胜的心理和荣誉感。课余体育竞赛可以有效地促进课外体育活动的开展。首先,课余体育竞赛是检验课外体育锻炼效果的一种重要形式。参加课余体育竞赛的学生都有一定的运动能力和技术水平,通过体育比赛,可以充分地发挥和展现自己的运动技术和水平,感受成功所带来的喜悦，同时也可以提高在同学当中的威望和知名度。其次，体育比赛的开展可以吸引了广大的体育爱好者参与到其中来。学生在体育活动中获得的成功、自信心、荣誉感在某种程度上增加了其对体育的热爱，从而由兴趣变成乐趣，再由乐趣变成志趣，从而养成终身体育锻炼的习惯。再次，课余体育竞赛为学校院系运动队选拔人才提供科学依据。

课余体育竞赛的组织形式是多样的。现在部分高校开展的课外体育活动形式有：全校性活动、班级活动、社团活动。全校性课外体育活动有每年一届的田径运动会、校内球类比赛、健美操、武术比赛以及冬季长跑等。全校性课外体育活动有专门的组织机构负责管理，学生的参与程度比较高，且活动场地器材经费都有保障，但每年只有一次。班级性活动一般是由班级体育委员负责组织，其他班干部进行协助，在征求班级学生意见后制定实施的体育活动。学生自发组织的课外体育活动，没有专门的组织和指导人员，可能会出现一些混乱，在某种程度上也会存在一些安全隐患。社团性课外体育活动大多是高校学生自发组织的由众多有共同体育爱好者参与的团体活动。该组织是学生自愿参加的群众性公益组织。体育社团并不是以盈利为目的的，而是为大学生课外体育活动提供舞台和帮助。小团体活动和个人锻炼的活动时间松散，随意性较大，组织起来难度较大。

学校应本着“人人有项目、班班有团队、校校有比赛”的课外体育活动实施要求。高校课外体育活动应在学生干部的领导下，由校学生会体育部、各院系学生会协调配合，共同组织实施。学校工作部门负责安排运动竞赛的时间场地。各院系和班级学生会负责课外体育活动的组织实施，并记录学生平时锻炼的情况。校学生会负责活动的督查、评比及学生的考勤评定。在辅导员带领下由各院系体育部和班干部负责考查评比，对各班学生参加课外体育活动的情况进行检查；对各班学生的“达标”情况进行检查、评比，并制定课外体育活动量表。根据学生平时参加课外体育活动的情况制作个人健康卡片对其进行综合评价。并将评价结果利用墙报、通报等形式及时对班级和个人进行表彰和惩罚。课外体育活动的积分量表使学生的锻炼量化、直观、紧凑，通过实施，可有效地提高学生参加活动的热情，培养学生的健康习惯和锻炼意识。

2.加强对课外体育活动的辅导

现阶段多数高校对大学生的课外体育活动缺乏指导，多数学校从未制定专门的课外体育指导管理制度。参加课外体育活动的多数人群是个人锻炼和小团体的形式，他们没有适合自身的科学的锻炼方法，仅仅是依靠单纯的兴趣自发兴起的。在无人指导的情况下其技术水平可能将一直停留在一个阶段。运动技能水平在一定程度上决定了其享受运动乐趣的程度。长期的低水平的重复动作直接影响其运动水平的提高和运动乐趣的享受。若大学生的课外体育活动有专门的辅导或指导机构，试想大学生的运动技能水平和运动乐趣水平也将得到很大的提高。

高校体育社团和协会应当创建大学生课外体育活动辅导团队。学校各体育社团和协会不仅应当组织大学生参加体育活动，更应当为其提供课外辅导。高校体育社团和协会可以和体育院系合作，体育院系为协会提供优秀的教师及教辅人员，帮助指导大学生体育锻炼。各个院系的运动队可以到体育院系找教练及裁判，这样也为体育院系大学生提供一个很好的实习平台，同时普通院系运动队也得到了有效的指导。学校体育社团也可以吸纳一些体育专业学生，做好体育辅导工作。体育院系可以对自愿参加课余体育指导的学生给予政策上的支持及象征性的鼓励。体育院系学生也可以组织一个体育运动协会，为大学生提供技术上的指导。这一平台既为大学生提供了免费的辅导，也为体育专业学生提供了实习锻炼的机会，当然，这一平台必须得到学校及院系领导的支持才能建立。

（三）对学生健康意识的培养

1.从小培养学生的锻炼意识

增强学生体质的关键在于学生和家长能从思想上认识到身体与学习并重的观念。“健康第一”的指导思想虽然已在阳光体育的校园里广泛宣传，但事实上却未能真正地深入到学生和家长的思想中。有些学生从小便不被家长支持进行体育锻炼，取而代之的是英语、奥数之类的辅导班。由于从小未养成体育锻炼的习惯，到大学后体育锻炼更被抛之脑后。

作为基础教育工作者，应从小培养学生的体育意识，使学生充分认识到体质健康对学习和生活的重要意义。从小培养学生将积极的健康观念融入到学习和生活当中，使其积极主动地投入到体育锻炼中来，并逐步养成一种健康的生活方式和体育锻炼习惯。然而，冰冻三尺非一日之寒，体育意识的培养更不是一蹴而就的，我们应该呼吁社会各界的力量，通过媒体的多方宣传将健康的体育意识从小植入青少年的思想当中。

2.对体育健康知识的宣传

加大对体育健康知识的宣传是对学生健康的最好教育。一方面学校应当定期举行大型讲座、讲演等，大力宣传体育锻炼与体质健康的重要性。也可以开设多种关于体育健康、科学锻炼、运动减肥等方面的选修课，使其了解体育运动知识，交流体育锻炼的心得体会，在学习和娱乐中认识到体育锻炼和体质健康的重要价值。另一方面，体育本身具有娱乐和竞争等属性，学校举办的运动会和一些球类比赛是宣传体育运动的最好时机，运动员矫健的身姿会无形之中影响到某些学生。通过体育娱乐竞赛或竞技比赛培养学生的兴趣，使其主动参与到体育锻炼中来。通过一系列集体性的比赛，使学生潜移默化地融入到体育锻炼的行列，而后逐渐养成自主锻炼的习惯，团体性活动也将变成个人自觉的主动锻炼。

（四）体育锻炼的激励措施

1.将学生体质测试引入高校招生策略

据悉，2014年起，体育测试将不再由学校统一组织，应届生的体育测试成绩将以考生所在高中期间的成绩取代。这一举措引起了数万考生和家长的高度重视，学生家长及学校领导开始重视学生体育锻炼。

体测内容包括身高、体重、肺活量、握力、台阶运动试验和立定跳远六项。根据参加体质测试考生的总体测试水平，择优给予部分同学在已有自主认定基础上更多加分政策。对于没有参加体质测试或参加测试成绩不佳的考生，也不会影响考生最终自主认定。

通过设置体能测试，给基础教育一个“风向标”，树立培养孩子身体与学习并重的观念。

2.创建普通高校大学生运动技能等级评价体系

据调查，有多数学生在课余时间忙于各种“考证”。大学生英语四、六级、普通话、计算机都成为学生的必备技能。这些证书在社会上也得到了普遍的认可，在某种程度上为学生的就业提供了很大帮助。然而对提高学生体质的体育运动技能却没有一套合理的等级测试，大学生体育锻炼没有得到应有的重视。目前，我国学校体育从小学到中学再到大学，只是根据学生各个年龄阶段的生长发育特点来粗略地制定教学大纲、教学内容。然而每个学生都有自己的特长，他们的个性发展存在很大的差异，学校却并未针对每一位学生的特点制定多样化的教学目标。例如，有些学生喜欢打球不喜欢跑步，而在考核评价的时候如果单单以跑步来评价一个学生的课外体育锻炼情况，必然会影响其参加体育活动的积极性。试想如果设置一套大学生体育技能等级测试，对合格的学生颁发证书，势必会给热爱体育运动的大学生提供很大的动力和支持。

应根据学生的兴趣爱好特点，制定一套记录普通学生体育锻炼水平和学生在某项体育运动方面的特长的方法体系(学生运动技能水平等级体系)。学生可以根据自己兴趣自由选择身体锻炼方式，对于运动技能水平较高者可以给予某项特长级别证书，对他们的运动技能给予鼓励和重视。例如：某高校体育专业学生学习新大众健美操五级，并对其进行考核，对通过考核者将颁发证书。而非体育专业的学生也学习大众健美操，对体育专业组织的健美操考核也积极参加，并对合格者颁发证书。由此可见，颁发体育技能证书势必会对热爱体育锻炼的学生给予肯定和鼓励，从而也带动其周围的同学行动起来积极参与到体育运动行列。

构建学生运动技能水平等级评价体系，对学生进行统一比赛或测试，将促使每位学生培养自己的爱好和特长，使每位学生都能有一项或多项体育特长证书。这样从某种程度上既丰富了学生的课外体育锻炼，又对学生的体育锻炼给予肯定和鼓励，必然会促进学生终身体育锻炼习惯的养成。此外，根据学生参差不齐的运动水平进行分层教学，合理安排教学进度，可以提高教学的针对性，学生学习的积极性也得到有效提高。同时，运动技能等级评价也为建立和完善学生体育锻炼和竞赛激励机制系统打下良好基础，从根本上促进“阳光体育运动”的开展。

3.其他激励措施

国家教育部门下发的一些政策性激励措施在某种程度上也促进了学生参加体育锻炼的积极性。2014 年开始，国家教育部等部门联合下发“走下网络、走出宿舍、走向操场”主题群众性课外体育锻炼活动，通过引导和帮助大学生培养其自主参加体育锻炼的习惯，养成良好的生活习惯，从体育锻炼中提高身体素质，磨炼意志品质和培养拼搏精神。在国家政策的激励和引导下，某高校提出了一些积极有效的干预措施，例如：某高校规定在早上6点起来参加体育锻炼的学生可以免费获得餐厅提供的早餐券，以此来鼓励学生参加体育锻炼。这一系列政策和措施为大学生参加体育锻炼营造了良好的氛围，收到了一定效果。但由于大学生对课外体育锻炼的自觉性和重视程度以及自身的健康状况的认识仍存在较大差距和不足，大学生对于这类激励活动的参与度仍有待提高。学校在制定相关政策和措施时更应当注重能关系到学生切身利益，如对学生《体育标准》成绩优秀者或代表院系班级参加运动会或球类比赛者，在评优评先或奖学金评定中适当给予加分奖励，而对参加课外体育活动不积极者给予扣分处罚。

三、加强师资队伍建设

近年来，随着实施新的《全国普通高等学校体育课程教学指导纲要》，高校体育课程的教学模式发生了很大的变化，许多学校由过去的教师确定教学内容逐渐转变成由学生自主选择上课内容、上课教师、上课时间，这对教师提出了更高的要求，教师原有的教学理念、教学方法、教学能力受到了冲击。因此，体育教师必须积极更新教学思想观念，加深对新《全国普通高等学校体育课程教学指导纲要》的认识与理解。学校领导要重视学校体育师资队伍建设。学校体教部要通过开展教学研究，举办学术活动，参加培训班（包括职后的学历与非学历培训）以及自学等形式，加强对高校体育教师的培养，不断提高高校体育教师的业务水平、职业道德水平和创新意识，使高校体育教师不仅具有正确的教学思想与教学理念，先进、科学的教学方法与指导学生提高身体素质水平的方法，而且具有关注学生体质健康和身体素质发展的事业心和责任感。要使高校体育教师在遏制大学生身体素质水平下滑和提高大学生身体素质水平上充分发挥作用。

第三节　社会层面的干预

一、增强体育教育意识

大学生体质下降绝非偶然，社会的主流价值观发生偏差，导致家长和学校都急功近利地一味追求升学率，将分数看成评价学生好坏的唯一指标。想要从根本上扭转学生体质不断下降的局面，首要的是要转变社会对体育教育的误解，引导社会走出误区，让社会充分意识到体质健康对于学生学习和生活的重要性，使学生接受正确的体育教育理念。坚持秉承“健康第一”的指导思想，为学生创建良好的体育教育环境。首先，充分意识到家庭中的体育教育是人们实现终身体育的起点和归宿，提高家长的体育意识，发展家庭中体育人口数量，这同时保证了大众健身运动的顺利开展。其次，充分挖掘学生的主观能动性，鼓励学生积极投入到体育锻炼中来。

二、加大体育健身推广力度

利用一切资源，加大体育健身推广力度，提高体育健身时效性，推动全民健身运动。可在广大高校、中学、小学和社区体育中根据实际情况有选择地逐步推广，从而达到促进全民体质健康发展的目的。

（一）在高校中的推广

我国绝大多数高校的体育设施条件虽不算一流，但无论是室外的田径场、足球场、篮球场、网球场，还是室内的羽毛球馆、排球馆、乒乓球馆、健身馆等都算齐备。目前我国大多数高校的体育课程以选项课为主。因此，在大多数高校中可以推广和实施体质健康推广计划的全部内容，包括个性化的选项推荐、选项教学和运动处方，从而提高体育教学质量。

（二）在中小学中的推广

目前我国中小学体育课以发展身体素质的基础教育为主，教学内容主要受《标准》规定的评价指标影响，也就是"考什么、练什么"；有的中小学会组织学习像篮球、足球这样大众普及程度较高的体育项目的一些基本技术。近年来，在经济发展水平较高的城市中，少数具备硬件条件的中小学已经或正在尝试开展体育选项教学。然而，受应试教育、场地条件、师资水平等因素的影响，选项教学并没有取得预期的效果。

这里提出的体质健康推广计划，可在中小学里逐步推广。首先，就具备师资和设施条件的体育项目开展选项教学。然后，随着场地器械条件和师资水平的改善，继续开设新的项目。运动处方的实施目标不变，但应根据不同年级学生的身心特点和学业情况，安排合适的锻炼项目、强度和时长等。

（三）在社区中的推广

随着生活水平的提高，生活节奏的加快，居民用于锻炼的时间越来越少，身体素质逐年下降。虽然很多人开始重视体育锻炼，但是他们对自己的身体素质并没有科学的认识，因此不具备制订针对性锻炼计划的能力。

《国家体育锻炼标准》的实施以及居民体质健康测试的开展，为体质健康推广计划的实施提供了客观依据。其中最重要的是让居民掌握运动处方理论、科学锻炼知识与方法。此外，技能学习也面临指导匮乏的困难，可通过增加社区体育指导员、网络视频学习和相互学习等方式解决。体质健康推广计划的开展，将有效提高居民的体质水平和技能水平，推动全民健身运动的开展及终身体育的践行。

三、创设体育健身良好氛围

第一，减少网络游戏带给大学生身体健康的危害，使大学生形成良好的网络文化知识学习习惯，远离恶性循环的网络游戏，加强大学生的自觉意识，用丰富的校园文化生活来转移大学生对网络游戏的依赖，把长时间坐着完成的网络游戏换成丰富有趣带有竞赛形式的体育活动，将大学生更多的课余时间和提高体质健康水平的各式体育活动联系到一起。

第二，利用体育传媒，也就是体育节目。经常组织大学生观看体育赛事、体育新闻，一些可以承办大型体育赛事的场所的单位也应向大学生发放优惠入场券，让大学生都有可能、尽可能地参与到现场，长时间与学校合作，最终达到使大学生从了解体育、对体育锻炼产生兴趣到自身参与体育的一个过程。这样的过程对提高大学生体质健康水平显得尤为重要。

第三，家长们也要多提倡大学生参与体育锻炼，培育体育价值观。生活方式要符合大学生体质状况，文化课和体育课要安排合理，要将大学生的作息时间和提高大学生体质健康相结合，保证大学生有充沛的精力去完成学习和体育锻炼。

四、用人单位改进招聘条件

在大学生就业时，招聘单位单一地看重大学生学习成绩忽略了大学生的体质健康状况，这也是造成大学生在校期间对体育锻炼的不重视，是学生体质健康下降的原因之一。在今后的体育工作开展中，社会有关部门应加强宣传，提高体质健康水平的力度，纠正片面追求学习成绩的倾向。用人单位在要求大学生的应聘条件中要考虑大学生的体质健康状况，要将这一点加入考核中，作为能否胜任聘用单位工作职务的重要条件之一。

五、科学管理，狠抓落实

提高大学生的体质健康水平绝不能空喊口号，需要有关部门相互配合、相互协调，共同努力，科学管理，狠抓落实，让每一名大学生都能积极地投入到体育运动中，感受体育的魅力，养成终身体育的习惯。改善大学生体质是一项巨大而复杂的工程，需要消耗大量的人力、物力和财力。根据大学生体质发展的特点和规律，可将学生科学地分类，更有针对性地组织、指导、管理和控制学生的锻炼行为，从而提高工作的效率和效果。

六、加强体质健康管理

（一）加强相关知识宣传

作为高校体质健康管理的主要对象，我国学生在思想上和行为上还有较大差距，所以，必须加强对学生相关知识的宣传和普及。首先，应积极组织各种活动和讲座，使学生参与到体质健康管理活动中。

其次，通过校园广播、宣传栏、校园网等多种媒体手段，传播体质健康管理的意义和相关知识，不断强化学生对体质健康管理的认知。

最后，使学生家长及相关领导也充分了解体质健康管理的重要性，拓展体质健康的传播途径，完善体质健康的宣传机制，提高学生对体质健康的重视程度。

只有将体质健康理念提高到思想高度，从而逐渐内化为学生自身的自觉行动，才能真正起到提高体质健康管理水平的目的。

（二）制定相关管理制度

建立行之有效的体质健康管理制度，并根据实际情况开展管理工作，才能从根本上保证体质健康管理顺利进行，从而使学生用更多的时间进行体育锻炼。

首先，应完善相关法律法规。虽然我国已经制定了学校伤害事故处理办法，但这仅仅是对体育活动风险的处理意见，并没有实质性的效力。因此，国家应制定相关法律法规，明确责任制度，避免不必要的法律纠纷。

其次，相关部门应制定切实可行的体质健康管理方案，这是学校体质健康管理的核心环节。设计和规划体质健康管理方案时，要从实际情况出发，以清晰明确为原则，结合不同学生的需求和特点进行具体规划。

最后，资金是体质健康管理顺利进行的保证，因此学校应为体质健康管理工作提供专项资金，这样才能促使相关研究深入开展，还可以对在体质健康方面有很大进步的学生给予奖励，从而激发学生管理自身健康的积极性。

（三）设立专门管理机构

设立专门的体质健康管理机构，是提高体质健康管理效果的关键。一般而言，体质健康管理专门机构应包括以下几个方面。

1. 主管领导

体质健康管理机构的主管领导一般由分管学生工作的校长担任，因此，主管领导不仅要了解和熟悉体质健康管理工作的内容，还要对体质健康管理工作的预期效果有信心，并坚定不移地支持该项工作。

2. 执行机构

执行机构是指具体负责体质健康管理和实施工作计划的机构。体质健康管理执行机构可由学校体质健康研究室兼任，也可专门组织建立。体质健康管理执行机构的职责是遵照体质健康管理计划，执行具体管理工作，实现体质健康管理的预期目标。

3. 部门合作

体质健康管理是一项复杂而系统的工作，这就需要学校各部门齐抓共管、相互支持，充分利用高校丰富的教育、医疗等资源，积极开展体育锻炼、心理健康、生活方式等方面的教育，并提供相关的体质健康服务。

（四）加强体质健康干预

体质健康管理机构通过对学生体质健康信息的评价，将所有学生的健康状况分为四级：一级，健康状态；二级，亚健康状态；三级，疾病状态；四级，高危状态。了解学生的体质健康主要存在哪些问题，以及今后亟需提高的健康因素，创造条件建立个性化运动处方库并及时改进完善。体质健康管理机构负责监督运动处方的执行情况，从体育课、课外体育活动等落实环节进行监督。

提高学生体质健康水平的关键，是对体质较弱的学生群体进行重点干预。体质健康干预必须以体质较弱学生的体育需求为关注焦点，学校应调查、理解体质较弱学生群体的需求，加强与他们的沟通，密切跟踪他们的体质健康状况，把他们的需求与学校体育工作目标相结合，改进工作，采取措施，从而提高学生的满意度。另外，由于专业局限性，涉及康复保健、疾病治疗、卫生保健等专业性较强的问题，还是要通过专门的机构进行解答，体质健康管理部门可以联系专门机构，提供无偿或有偿的服务来满足学生的各种需要。

（五）构建网络服务平台

目前高校在校学生人数众多，而体质健康管理人员严重不足，现代网络技术的发展及数字化校园建设的完善，为学校体质健康管理提供了技术支持。因此，高校应建立体质健康管理网络服务平台，将体质健康管理中的体质健康测试、体质健康评估、体质健康干预、体质健康咨询四个环节有机地统一起来，从而实现体质健康信息的互动交流，较为便利地满足众多学生的健康服务需求。

体质健康管理网络服务平台解决了高校体质健康管理中数据量大、管理困难的问题，使各种数据录入智能化、管理便捷化。系统通过智能手持机终端的数据录入方式满足大批量数据录入，如体质健康测试数据录入等，也可以通过人工录入、数据导入模式满足学生不同情况下的需要，使体质健康管理工作快速、简便。

体质健康管理网络服务平台将体质健康测试部门的体质健康数据库、心理辅导部门的心理健康数据库和医疗部门的生理指标数据库结合起来，通过体检录入模块、体质健康测试模块、心理测试模块、健康评估模块等主要部分，整合不同部门不同职责的健康管理与干预工作，把不同维度的健康测试结果进行综合评价、反馈和指导，实现了学生基本信息的共享，减少了数据冗余的情况。通过不同身份的权限设置，使不同的人拥有不同的权限，例如体检录入模块主要针对医疗部门进入，而体质健康测试模块主要供体育部门体质健康测试工作使用。

第七章 学生体质健康的测量与评定标准

体质可以综合反映某个群体或个人在某个时期内身体生长发育、生理机能和身体素质的基本状况和发展变化趋势。因此，国民体质的增强不仅为国家发展提供了丰富的人力资源，而且也从另一个侧面反映了国家社会和经济等方面的变化。为此，了解中国学生体质与健康的动态变化特征和规律，不仅为国家教育、体育和卫生等部门制定相应的政策提供科学的依据，同时也为不同时期中国国民体质与健康状况的测量、评价与研究确定了方向。体质测试内容分三类，即身体形态、身体机能和身体素质。体质测试指标主要内容包括：①身体形态指标，即身高、体重、身体成分(体脂率)；②身体机能指标，即肺活量、骨密度；③身体素质指标，即力量、柔韧、灵敏、速度等。与传统的体检不同，体质测试是通过运用专业的体质测试设备，对受测人员的心肺功能、肌肉力量、柔韧度、耐力、爆发力、敏捷度等指标进行综合测试和评估，以量化形式反映受测人员的体质状况。

第一节 学生身体形态的测量与评定标准

人体形态检测是指应用检测量具和仪器对人体外形和结构进行的测量。根据"国际体力测定标准化委员会"(ICPFR)和"国际生物学规划"(IBP)组织制定的测定方案中的规定，人体形态测量的主要内容包括：体格测量、体形测量、身体成分测量、身体姿势测量四大方面。

一、身体形态基本测量点

在人体形态测量中，必须按照人体测量的规范特点与人体形态结构的关系，对人体各部位标准的解剖学姿势位置进行准确的定位。标准的解剖姿势是身体直立、两眼平视、两脚并拢、足尖向前、两上肢垂直于躯干两侧、手掌相对。常用于人体形态测量的定位术语有：正中面和正中线、上与下、前与后、内侧与外侧、近端与远端、矢状面、额状面、水平面、矢状轴、额状轴、垂直轴等。只有严格按照人体形态的定位进行测量，才能获得准确的测量数据。

基本测量点是根据人体的骨性标志、皮肤皱褶和皮肤的特殊结构以及肌性标志而确定的主要测量位置。体育测量中，常用的人体主要测量点有：头顶点、耳屏点、眶下点、颌下点、胸上点、胸中点、胸下点、脐点、耻骨联合点、乳头点、颈点、肩峰点、指尖点、髂嵴点、髂前上棘点、大转子点、胫骨点、内踝点、跟点、趾尖点等。

二、身体形态测量与评定标准

身体形态是反映人体外表结构和生长发育水平的重要指标，这些指标包括：身高、坐高、体重、胸围、肩宽、骨盆宽、臂围、上肢长、下肢长、腰围等，是国民体质健康监测的主要测量内容。

(一)身高

身高亦称“空间整体指标”，是反映人体形态结构和生长发育水平，尤其是纵向发育水平的重要指标之一。人体从站立底面到头顶点的垂直距离，通常受遗传、年龄、性别、种族、地区、营养、体育锻炼等各种因素的影响。测量仪器采用标准的身高计立柱进行检测。测量单位为厘米(cm)，精确到小数点后一位，其测量误差不得超过 0.1cm。

测量仪器：标准身高坐高计。测量误差不得超过 0.1cm。

测量方法：受试者赤足，以立正姿势站立于底板上，背靠身高坐高计，足跟、骶骨和两肩胛间与立柱接触，耳眼处水平位。测试者将水平压板下滑至头顶点，在两眼与压板呈水平位时读数并记录测量值。

注意事项：①身高坐高计应选择平坦靠墙的地方放置，立柱的刻度尺面向光源；②测量时，要特别注意足跟、散骨和肩胛骨间紧靠立柱；③水平压板与头顶接触时，松紧要适度，有发髻者应放下发髻。

(二)体重

体重是反映人体形态结构和生长发育水平的重要指标之一，即衡量人体骨骼、肌肉、皮下脂肪及内脏器官等综合重量发展变化的指标，系指人体的净重。它通常受到遗传、年龄、性别、季节、经济生活条件、体育锻炼、疾病、伤害等因素的影响，主要用来说明人体肌肉骨骼的生长发育水平和营养状况。人类形态学还把它作为体现人体长、围、宽、厚度发展的整体度量标志。测量体重的仪器为标准体重计。

测量仪器：标准体重计，误差不超过 0.1%。

测量方法：受试者赤足、身着薄衣裤站立于体重计中央，测试者待移动刻度尺稳定在水平位后读数并记录其重量值。

注意事项：①测量前预先检查仪器，要求受试者衣着合格，并向其讲解测试时姿势；②测量时间最好在上午 10 时左右为宜；③每测 50 人后注意校正仪器的准确度，测试完毕要检查仪器，以备后用。

(三)身高标准体重(身高/体重)

《国家学生体质健康标准》规定，从小学到大学都要对学生进行身高、体重的测试，采用身高标准体重评价学生身体的匀称度，间接地反映学生的身体成分及肥胖状况，引导学生关注自己的身体形态和肥胖状况。身高标准体重是指身高与体重两者的比例应在正常的范围内。它通过身高与体重一定的比例关系，反映人体的围度、宽度、厚度以及密度。身高标准体重是评价人体形态发育水平、营养状况及身体匀称度的重要指标。它可以间接地反映人体的身体成分，其测量方法简便易行。

"体重－身高指数"或"肥胖指数"在人类学研究和人体测量与评价中被广泛应用。它表示每厘米身高的体重，作为一个相对体重或等长体重来反映人体的围度、宽度、厚度以及人体组织的密度，是评价人体形态发育水平和匀称度的重要复合指标。

（四）皮褶厚度测量与评定标准

皮褶厚度是身体成分测量的一种方法，包括对人体所含脂肪、水和固体成分（蛋白质、矿物质和碳水化合物）三大组成部分的测量与评价。在体育测量中，身体成分测量主要是对人体脂肪的检测和计量，对于水和固体成分的测量通常根据运动医学标准进行检测和分析。

皮褶厚度测量法是用皮褶厚度计测量身体某些部位的皮褶厚度，再计算出体密度、体脂百分比及体脂重和瘦体重的测量方法。该方法简便易行，易于操作，适宜于对群体身体成分的测量。因此，在体质测量中被广泛应用。

测量仪器：皮褶厚度计（压强在 $10g/mm^2$），测量前将校验码挂于钳口，将指针调至红色标记刻度的 15～25mm 范围内。每次测试前将指针调至零点。

测量方法：受试者自然站立，暴露身体测量部位。测试者选准测量点，用左手拇指和食指、中指将皮下脂肪捏起，右手持皮褶厚度计将卡钳张开，卡在捏起部位下方约 1cm 处，待指针停稳，立刻读数并记录。测量三次取中间值或中间两次相同的值。测量单位为 mm，测量误差不得超过 5%，保留一位小数。

测量部位：

①上臂部：肩峰与上臂后面鹰嘴连线的中点。皮褶走向与肱骨平行。

②肩胛下部：肩胛骨下角点下约 1cm 处。皮褶走向与脊柱成 45°角，方向斜下。

③腹部：脐水平线与锁骨中线相交处。皮褶走向水平。

第二节　学生身体机能的测量与评定标准

身体机能是指人的整体及其组成的各系统、器官表现的生命活动。在体育测量学中，身体机能测量的目的，就是应用人体机能测试和医学检查方法，来检测与计量人体在安静时和作定量运动负荷时机体主要器官系统机能水平的状况，并对所获取的各种生理机能指标作出客观的评价。

一、肺活量测量与评价

肺活量是指在不限时间的情况下，一次最大吸气后再尽最大力量所呼出的气体量，它是反映人体生长发育水平的重要机能指标之一。肺活量因性别和年龄而异，男性明显高于女性。在20岁前肺活量随着年龄增长而逐渐增大，20岁后增加量并不明显。体育锻炼可以明显地提高肺活量，如中长跑运动员和游泳运动员的肺活量可达6000mL以上。为了鼓励学生积极地参加长跑等耐力锻炼项目，改善心血管和呼吸系统的功能，《国家学生体质健康标准》将肺活量的测试列为必测项目。肺活量的大小与身高、体重、胸围的关系密切，故在评价时应充分考虑这些因素对肺活量大小产生的影响，因此，在对学生进行评分时采用了肺活量体重指数来进行评价。

《国家学生体质健康标准》规定计算肺活量体重指数时，肺活量的单位为毫升，测试时保留整数；体重的单位为千克，测试时保留1位小数，计算出指数后，舍去小数，用整数查表评分。

（一）肺活量测量

肺活量是指受试者最大吸气之后，再做最大呼气时所排出的气量。其大小反映了肺的容积和呼吸机能的潜力，它是评价人体生长发育水平和体质状况的常用指标。

测量仪器：肺活量计（0～10000mL）。

测量方法：受试者面对肺活量计取站立姿势，做1～2次深呼吸准备活动后，手握吹气嘴，做最大吸气，然后对准口嘴向肺活量计内做最大的呼气。每人测两次，每次间隔15秒钟，取两次测量中最佳值为成绩。

注意事项：①肺活量计在使用前必须进行检验，仪器误差不得超过2%。②测试前应向受试者讲解测试方法和动作要领，并做示范，受试者可试吹一次。③受试者吸气和呼气均应充分，呼气不可过猛，防止因呼吸不充分、漏气，特别要防止用鼻子反复吸气影响测试结果。④测试必须用一次性吹嘴。如果吹嘴数量不足，对重复使用的吹嘴，使用前需进行严格消毒。⑤对个别始终不能掌握要领的受试者，要在记录数字旁注明，不予统计。

（二）肺活量体重指数

“肺活量体重指数”是人体测量的复合指标之一。指数评定是利用各种有关指数来综合评价人体生长发育水平与机能水平的一种方法。它可有效地弥补单一指标评定时带来的局限性。主要通过人体自身的肺活量与体重的比值，亦即每千克体重的肺活量的相对值来反映肺活量与体重的相关程度，用于对不同年龄、性别的个体与群体进行客观的定量的比较分析。在体质综合评价中有一定的参考作用。

计算公式：肺活量体重指数＝肺活量/体重。

计量单位：肺活量用毫升（mL），体重用千克（kg）。

二、台阶试验测量与评价

台阶试验是一项定量负荷机能试验，主要用以测定心血管系统的功能，也可以间接推断机体的耐力。台阶的高度和频度是固定的，因此相对于每个受试者来说，台阶试验是在固定时间(180s)内完成固定的负荷，根据恢复期心跳频率的恢复的快慢计算指数来反映心脏对运动负荷的承受能力，在运动负荷相对等同的情况下来比较心功能的优劣。在完成同样运动负荷时，动用心输出量潜力越多，心跳频率(脉搏频率)越快，指数越低，心功能水平也越低，反之越高。

台阶试验是人体测量复合指标，是重要的人体心血管机能指数。该试验通过有节律的登台阶运动持续时间(s)与规定的脉搏次数之比值来量化评定心血管的机能水平，较之静态的心血管机能检查更有实用价值。指数越大，说明心血管机能水平越高。在体育运动中因训练水平高，心血管机能强的人在完成定量负荷工作时表现为心跳次数少，脉搏频率低，由此可客观地了解和评定心血管机能工作状况和工作效率。

台阶试验测量如下：

测试仪器：电子台阶试验仪，台阶高度为：男子 50cm，女子 42cm。

测试方法：受试者站立在台阶前方，按照节拍器(测试仪含节拍器)发出的 30 次分频率的提示音上下台阶。即从预备姿势开始，当听到第一声响时一只脚踏在台子，第二响时踏台腿伸直另一只脚跟上成台上站立，第三响时先踏台的脚下来，第四响时另一只脚下地还原成预备姿势。在测试中采用 2 秒上、下踏台一次的速度，连续做 3 分钟。运动完毕后，令受试者立刻静坐在椅子上，将测试仪的指脉夹夹在受试者的中指前方，测试仪将自动采集受试者的三次脉搏数。整个测试结束后将运动时间及三次心率值填入卡片。如果受试者在运动中坚持不下去或跟不上上、下台阶频率三次者，测试人员应立即停止受试者运动，同时按下功能键，然后以同样方法测取脉搏数并记录。然后采用人工测试脉搏的方法，测试运动停止后 1 分到 1 分半钟、2 分到 2 分半钟、3 分到 3 分半钟的三次脉搏数。

注意事项：①受试者必须严格按照节拍器的节奏完成上下台阶的运动；②受试者在每次登上台阶时，姿势要正确，腿必须伸直，尤其是膝关节不得弯曲；③测试人员必须严格按照测试方法的要求准时、准确地记录三次 30 秒的脉搏数；④受试者在测试前不得从事剧烈活动。心脏功能不良或有不同程度的心脏疾患者，不能进行此项测试；⑤测试人员在仪器测试脉搏时应经常用手号脉，与测试仪器进行对比，如果 10 次脉搏误差超过两次，可视为仪器不准，及时改用人工测试方法。

第三节　学生身体素质的测量与评定标准

身体素质是国民体质监测的重要组成部分，其强弱可直接反映人体体质与健康状况。身体素质是人体在体育运动中所表现出来的速度、力量、耐力、灵敏和柔韧等机能能力。作为衡量人体体质强弱和运动机能能力好坏的身体素质，一方面与肌肉工作的效率有关，另一方面也反映了人体各器官系统的机能能力。因此,身体素质不仅与人的健康水平、工作能力相关,而且在体育锻炼中与人的运动能力密不可分,它是掌握体育技术和提高运动成绩的基础。可以说,优异的运动成绩是建立在身体素质高度发展的基础上的。在体质监测与评定中,身体素质的测量与评价有着非常重要的作用。具体表现为:①通过测量可以全面了解国民身体素质的发展状况;②可以客观地评价体育锻炼的效果;③可以作为诊断各种运动损伤的一种手段。

一、速度素质测量与评价

速度素质是指人体或人体某一部位快速运动的能力。它可分为反应速度、动作速度和位移速度三种类型。速度素质的测量形式包括定距计时、定时计距和速率三种。下面重点介绍一下反应速度与位移速度的测量与评价。

(一)反应速度测量与评价

反应速度是指人体对各种信号刺激(如声、光等)的快速应答能力。这种能力取决于信号通过神经传导所需时间的长短。体质测量中常用于测量反应速度的项目主要是选择反应时。

测量仪器:电子反应时测试仪。

测量方法:受试者坐桌边,测试臂放松平放在桌子上,手指伸出桌边约 8～10cm,大拇指与食指间距不超过 2.5cm,大拇指与食指在上缘呈同一水平,做好准备。测试人员捏住尺子的上端,置尺下端于受试者拇指与食指之间(不要碰到手指),尺子的点基线与拇指上缘呈同一水平线上。受试者两眼凝视反应尺的下端,不得看测试人员的手,听到“预备”口令后,视尺子下落时急速将尺子捏住,记录大拇指上缘尺子的刻度。测试 5 次,去掉最高值和最低值,计算中间 3 次的平均值。记录以秒为单位,取两位小数,第三位小数四舍五入。

注意事项:①要在能使受试者注意力集中的环境中测试;②正式测试前要练习 3～4 次;③几次测试,喊“预备”后到落尺的间隔时间要多变化,应保持在 1.5～2s 左右;④发现受试者有明显的预抓动作,该次无效。

(二)位移速度测量与评价

50m 跑是国际上通用的位移速度测试项目,通过较短距离的高强度跑测试速度素质。速度素质的测试可以反映人体中枢神经系统的机能状态和神经与肌肉的协调机能,也可以综合地反映人体的爆发力、灵敏度、反应力、柔韧性等素质。速度素质有明显的性别和年龄差异。男性在 20 岁前、女性在 18 岁前速度素质一般是随着年龄增长而提高。体重过大或肥胖都会影响速度。《国家学生体质健康标准》中 50m 跑的测试和评价以秒为单位,保留 1 位小数,小数点后第二位数非“0”时则进 1。

测量目的:测量受试者快速跑的能力。

测验对象：小学至大学男女学生。

场地器材：400m 径场取 100m 跑道。

测量方法：按径赛规则进行测量。

评价方法：记录跑完全程的时间（精确至 0.1s），取最好成绩。

二、力量素质测量内容与评价

力量素质是指人的机体或机体的某一部分肌肉工作时克服内外阻力的能力。它是人体运动的基本素质，是衡量身体训练水平的重要指标，同时也是掌握运动技能，提高运动成绩的基础。

（一）握力体重指数

握力体重指数反映的是肌肉的相对力量，即每公斤体重的握力。握力主要反映人前臂和手部肌肉的力量，同时也与其他肌群的力量有关，而且还是反映肌肉总体力量的一个很好的指标。握力指数评价：

$$握力体重指数=握力(kg)/体重(kg)\times 100 \quad (7-1)$$

（二）仰卧起坐

仰卧起坐是测试腹肌力量和耐力的一个项目。测试方法简单易行，多年来在学校体育的锻炼和测验中一直受到重视。仰卧起坐的测试可促使她们在青少年时期积极地发展腰腹肌力量。因此，《国家学生体质健康标准》设置了仰卧起坐为女生的可选测试项目。

测量目的：测量受试者腰腹肌肉力量。

测验对象：初中至大学男女学生。

场地器材：电子测试仪。

测量方法：受试者全身仰卧于铺放平坦的软垫上，两腿稍分开，屈膝呈 90°左右，两手指交叉抱头贴于脑后。同伴压住受试者两侧踝关节处，以固定下肢。受试者起坐时两肘关节触及或超过双膝为完成一次。仰卧时两肩胛必须触垫。测试人员发出“开始”口令的同时开表计时，记录一分钟内受试者完成次数。一分钟时间结束时，受试者虽已坐起但两肘关节未触及或超过双膝关节者不计该次数。计数填入方格内。

注意事项：①如发现受试者借用肘部撑垫或臀部上挺的力量完成起坐时，不记成绩；②测试过程中，测试人员或负责计数人员要随时向受试者报告完成的次数；③测者双脚必须放于垫上，并由同伴固定。

（三）引体向上

测量目的：测量学生上肢肌肉的力量耐力。

测验对象：中学至大学男女学生。

三性检验：可靠性为 0.95，具有内容有效性、客观性为 0.98。

场地器材:高单杠、记录表等。

测量方法:受试者跳起双手正握杠,两手与肩同宽成直臂悬垂姿势,然后两臂同时用力向上引体至下颚过杠为完成一次。按此方法反复做至力竭为止。记录正确完成动作的次数,测验1次。

评价方法:以受试者正确完成动作的次数记录成绩。

(四)立定跳远

立定跳远是测试爆发力的项目,爆发力要求在最短时间内发挥最大的力量。爆发力的大小不仅取决于力量,而且取决于力量和速度的结合。立定跳远的测试多年来一直被广泛使用,一方面体现了该项目对于体质健康的重要性,另一方面在体育锻炼中对于人体体质的提高具有明显的效果。

测量目的:测量受试者向前跳跃时腿部肌肉快速收缩的能力。

测验对象:小学至大学男女学生。

场地器材:跳远沙坑、量具或立定跳远电子测试仪。

测量方法:受试者双脚平行站立于起跳线后,屈膝摆臂双脚起跳落入测试区。注意:受试者起跳前身体任何部位不得触及起跳线,不得穿钉鞋参加测验。

注意事项:①力量测量前,受试者要做好充分的准备活动,以免受伤;②力量测量时,受试者应根据自己的实际能力选择适当负荷量进行测试,以免因负荷过重或过轻而使测量无效,并要经常检查测试仪器设备;③测量后,要组织受试者做放松练习,以免肌肉损伤。

三、耐力素质测量内容与评价

耐力素质是指人体在长时间运动中克服疲劳的能力。它是反映人体健康水平或体质强弱的重要标志。体育测量与评价中,耐力素质可分为一般耐力、速度耐力、力量耐力和静力性耐力四种。由于耐力是衡量人的体质健康状况和劳动工作能力的基本因素之一,是从事各项运动必不可少的一种运动素质。因此,耐力水平测试对于评价国民体质健康状况有着非常重要的意义。

耐力测试作为一种手段,用以引导学生更多地关注自己的耐力和心肺功能,使学生明白怎样用适宜的运动负荷控制跑的速度和持续时间,怎样用多种方法发展自己的耐力,从而更加主动地参加长跑等体育锻炼,发展体能,增强耐力,提高体质健康水平。《国家学生体质健康标准》中设置50m×8往返跑、1000m跑(男)、800m跑(女)的测试。

(一)50m×8往返跑

50m×8往返跑是400m跑的替代项目,是有效反映学生灵敏及耐力素质发展水平的常用指标。其成绩与学生参加体育锻炼程度有关。该指标测试仅适用于小学五、六年级学生。

测量目的:测量受试者在规定距离内的速度耐力(定距计时)。

测验对象：小学 5～6 年级男女学生。

场地器材：400m 田径场、秒表、发令枪（旗）、记录表等。

测量方法：受试者站于起跑线，听到信号即以站立式起跑，以最快速度跑完规定的距离。测验 1 次。

（二）1000m 跑（男）

测量目的：测量受试者中长距离耐力跑的能力。测验对象：中学至大学男女学生。

场地器材：400m 田径场、发令枪（旗）、秒表、记录表等。

测量方法：受试者站于起跑线，听到信号即以站立式起跑，以最快速度跑完规定的距离。测验 1 次。

评价方法：记录受试者完成测验的时间（分）。

（三）800m 跑（女）

测量目的：测量受试者在规定距离内的速度耐力（定距计时）。

测验对象：中学至大学男女学生。

场地器材：400m 田径场、秒表、发令枪（旗）、记录表等。

测量方法：受试者站于起跑线，听到信号即以站立式起跑，以最快速度跑完规定的距离。测验 1 次。

评价方法：记录受试者完成测验的时间。

四、柔韧素质测量与评价

柔韧素质是指人体关节活动幅度的大小以及跨过关节的韧带、肌肉、肌腱、皮肤及其他组织的弹性和伸展能力。柔韧素质的好坏，取决于关节的解剖结构和关节周围软组织的体积大小及韧带、肌腱、肌肉及皮肤的伸展性。柔韧素质与健康的关系极为密切，柔韧性的提高，对增强身体的协调能力，更好地发挥力量、速度等素质，提高技能和技术，防止运动创伤等都有积极的作用。体育锻炼能提高关节的灵活性，改善关节周围软组织的功能以及肌肉、韧带、肌腱的伸展性，而当人们缺乏体育锻炼、体质下降时，很多都是从柔韧素质的下降开始的。柔韧性从其与专项的关系上，可分为一般柔韧性和专项柔韧性；从其运动状态的表现上，可分为动力性柔韧性和静力性柔韧性；从其练习的形式上，可分为主动柔韧性和被动柔韧性；从身体不同部位的表现上，可分为上、下肢柔韧性，腰部柔韧性，肩部柔韧性等。

（一）立位体前屈

测量目的：测量受试者髋、腰背弯曲和大腿后部的伸展能力。

测验对象：小学至大学男女学生。

场地器材：木凳（高 40cm）、以凳面为零点、刻度尺、记录表等。

测量方法：受试者站在木凳上，足尖自然分开，两腿伸直，上体前屈，两手触及刻度尺，中指尖尽量向下触摸。测验 3 次。

评价方法：记录受试者中指尖向下触摸的最大值为测验成绩。

(二)坐位体前屈

坐位体前屈是指人体在相对静止状态下，躯干、髋、膝等关节可能达到的最大活动幅度，是有效反映学生关节灵活性、韧带和肌肉的伸展性与弹性的常用指标。其成绩与学生参加体育锻炼程度有关。该指标的测试适用于小学至大学的各个年级。

测量目的：测量受试者髋、腰背弯曲和大腿后部的伸展能力。

测验对象：小学至大学男女学生。

场地器材：木凳(高 40cm)、以凳面为零点、刻度尺、记录表等。

场地器材：电子测试仪。

测量方法：受试者直腿坐于电子测试仪上，双足跟置于基准线，两脚相距 15cm。受试者上体前屈，两臂沿腿向前伸，用两中指将度尺的引尺向前推动，直至不能向前移为止。

注意：上体不得左右摆动，双手中指不得离开引尺。测量 3 次。

评价方法：记录量尺的读数为测验成绩。

柔韧素质测量注意事项：①受试者在测量前要做好充分的准备活动；②测量时动作不得过大、过猛，以免肌肉被拉伤；③测试者应于受试者紧密配合，高标准、高质量地完成测量任务。

五、感觉和协调能力测量与评价

感觉是神经系统对外界刺激的直接反应。体育运动中人体完成各种动作或改变身体姿势，都是通过本体感受器产生兴奋经传入神经到大脑皮层引起的运动感觉，再经传出神经到效应器引起肌肉运动。因此，各种感觉能力的发展是动作技能形成的重要因素。感觉机能根据刺激物所作用的感官的性质，可分为外部感觉和内部感觉两种。外部感觉接受外部刺激并反映它们的属性，如听觉、皮肤感觉等；内部感觉是反映身体各部分运动变化的感觉，如运动觉、平衡觉、机体觉等。通过感觉机能的测量，学生可以体验到在身体练习中如何更快地掌握运动技术，提高对动作技术练习的质量与效果。

(一)闭眼单脚站立测验

测量目的：测验受试者单脚支撑维持平衡的能力。

场地器材：闭眼单脚站立测试仪。

测量方法：受试者以优势单脚支撑，另一脚置于支撑腿膝部内侧，两手侧平举。当受试者非支撑腿离地，计时开始。尽可能保持长时间平衡姿势。若受试者非支撑脚触地，即刻停表。计算闭眼单脚站立维持平衡的时间。测量 2 次。

评价方法：取 2 次测试中的最佳值为测验成绩。

（二）跳绳——协调能力测量评价

跳绳是一项人体在环摆的绳索中做各种跳跃动作的运动项目，能有效地综合反映学生身体的灵敏性、协调性、动作节奏感，以及下肢肌肉力量与心肺功能等，其成绩与学生参加体育锻炼的程度有关。该指标的测试适用于小学各个年级。

测试前，受试者将绳的长短调至适宜长度，双腿并拢，呈自然站立。

测试时，2 人一组，其中，1 名为受试者，1 名为计数员。

当听到开始信号时，受试者采用前脚掌起跳，同时，手腕完成弧形摆动，身体以“正摇双脚跳”的方式，受试者每跳跃 1 次且摇绳 1 周，计数员计为 1 次。受试者当听到结束信号时，停止跳跃运动，同时，计数员停止计数。计数员大声报数，并记录。测试单位为次/分。

参考文献

[1]王维兴，张文星，胡俊.田径运动教学理论与竞训实践[M].沈阳：沈阳出版社，2018.12.
[2]刘飞.田径运动教学与训练研究[M].哈尔滨：哈尔滨地图出版社，2018.08.
[3]曾理，曾洪林，李治.高校体能训练理论与训练教学指南[M].北京：新华出版社，2018.03.
[4]周秀蓉.高校田径运动的教学及训练研究[M].北京：地质出版社，2018.03.
[5]肖毅志.田径运动教学创新与可持续发展研究[M].成都：电子科技大学出版社，2018.01.
[6]周次保.田径运动训练与教学的多方位研究[M].北京：中国纺织出版社，2018.11.
[7]胡杰.田径运动教学及科学训练[M].长春：吉林大学出版社，2018.04.
[8]杨军，丹娟.中国田径运动发展研究[M].开封：河南大学出版社，2018.08.
[9]李俊斌.田径运动技巧与实践探索[M].北京：九州出版社，2018.09.
[10]王云峰，王学成.教学改革视角下体育运动开展的理论与实践指导[M].北京：中国商务出版社，2018.05.
[11]孙长新.田径运动体能训练教学与实践研究[M].北京：北京日报出版社，2018.08.
[12]杨烨.大学生体育运动技能准则[M].上海：上海教育出版社，2018.06.
[13]何文革，高旭东.专项训练发展分析与理论研究[M].石家庄：河北人民出版社，2018.10.
[14]于少勇，白光斌，黄海.大学体育[M].西安：西安电子科技大学出版社，2018.08.
[15]陆霞.田径运动教学与训练[M].长春：吉林出版集团有限责任公司，2019.10.
[16]鲁长春.高校田径教学与训练实践研究[M].沈阳：沈阳出版社，2019.07.
[17]杜和平，葛幸幸.田径运动专项理论与实践[M].北京：中国科学技术出版社，2019.06.
[18]贺慨.高校田径教学创新与课程改革研究[M].青岛：中国海洋大学出版社，2019.06.
[19]蔡开疆，郭新斌，宋志强.体育运动与教学指导[M].天津：天津科学技术出版社，2019.05.
[20]韦勇兵，申云霞，汤先军.体育教学与运动技能分析[M].长春：吉林人民出版社，2019.12.
[21]薛永胜，杨莎，刘尚武.有效体育教学理论体系的构建与教学实践研究[M].长春：吉林科学技术出版社，2019.08.

[22]周胜.大学生体质健康指南[M].北京:中国广播影视出版社,2020.09.
[23]窦丽.大学生体质健康的理论与实践研究[M].北京:北京理工大学出版社,2020.12.
[24]张一民,秦春波,冯春生.中国学生体质健康测试中心规范指南[M].武汉:武汉大学出版社,2020.11.
[25]杨英杰.体育强国背景下大学生体质健康科学管理研究[M].长春:吉林大学出版社,2020.07.
[26]赵雪梅.高中学生体质动态追踪与增强路径[M].长春:东北师范大学出版社,2020.06.
[27]刘永浩.大学生体质测评与健康研究[M].哈尔滨:哈尔滨工业大学出版社,2020.08.
[28]刘春.运动强化学生体质健康的研究[M].武汉:武汉大学出版社,2020.05.